의령에서 발해까지
백산 안희제 평전

의령에서 발해까지
백산 안희제 평전

초판 1쇄 인쇄 2025년 8월 1일
초판 1쇄 발행 2025년 8월 15일

저 자 이동언
펴낸이 윤관백
펴낸곳 도서출판 선인

등 록제5-77호(1998. 11. 4)
주 소 서울특별시 양천구 남부순환로48길 1, 1층
전 화 02-718-6252
팩 스 02-718-6253
E-mail suninbook@naver.com

정 가 15,000원

ISBN 979-11-6068-988-4 93990

■ 저자와의 협의에 의해 인지 생략.
■ 잘못된 책은 교환해 드립니다.

의령에서 발해까지
백산 안희제 평전

이동언

백산 안희제 흉상(부산 용두산 공원)

책을 내며

백산 안희제와 연구자로서의 인연은 1994년 「백산 안희제 연구」 논문을 발표하면서 부터이다. 은사이신 고 박영석선생님의 지도로 대종교 독립운동에 관심을 가지면서 안희제 관련 논문을 시도하였다가 사실은 자료부족과 게으름으로 답보상태였다. 다행히도 국사편찬위원회 소장 조선국권회복단 재판기록에 백산상회 관련내용을 접하면서 용기를 내어 안희제관련자료를 조사하고 정리하여 논문을 작성하였다. 이후 부족한 부분을 보완하여 안희제 활동분야별로 몇편의 논문을 계속발표하고 연구를 이어갔다.

안희제의 국내활동은 교육구국운동, 비밀결사단체 결성, 국내독립운동기지 백산상회 설립, 문화운동, 사회운동, 독립운동가 양성을 위한 장학재단인 기미육영회 설립, 협동조합운동, 항일언론투쟁 등이다. 국내에서 독립운동에 한계를 느낀 안희제는 중국으로 망명하여 국외 독립운동기지로 발해농장을 경영하였고 만년에는 대종교에 귀의하여 많은 업적을 남겼다. 안희제의 다양한 분야의 활동을 접할때마다 안희제선생께서 마치 독립운동사 연구를 폭넓게 하라는 가르침으로 느껴졌다.

 안희제의 활동중에서 가장 높이 평가되어야 할 부분은 무엇보다도 독립운동 자금조달이다. 안희제의 다양한 활동은 독립운동 자금조달을 위한 방편이었다해도 과언이 아닐 것이다. 독립운동 자금은 성격상 증거자료가 남아 있기 어렵다. 그런관계로 그의 행적이 밝혀지지 않은 부분이 많을 수 밖에 없다. 안희제가 국내 독립운동 자금조달을 위해 노력한 부분은 누구도 부인할 수 없을 것이다. 안희제를 비롯하여 독립운동 자금조달 사례를 모아 논문을 발표하면서 안희제를 '독립운동의 CEO'였다고 썼다. 안희제는 일제의 감시와 탄압에도 굴하지 않고 독립운동의 젖줄이 되고자 하는 심정으로 자금을 조달하였을 것이다.

 1995년 광복50주년을 기념하여 부산일보사에서 「백산의 동지들」을 연재하고, 1998년 발굴인물독립운동사 『백산의 동지들』(부산일보 특별취재팀)을 출간하였다. 이책에는 안희제,

윤상은, 이우식, 정재완, 권오봉, 문영빈, 김동삼, 윤병호, 최준, 김홍조, 최병찬, 손병순, 남형우, 신필수, 장건상, 박상진, 서상일, 서상호, 변상태, 이수영 등 20명의 생애와 활동을 수록하였다.

독립기념관에서 독립운동가 100인을 선정하여 한국의 독립운동가들 인물 열전 발간사업을 추진하였다. 그 사업의 일환으로 2010년 『독립운동 자금의 젖줄 안희제』를 발간하였다. 이책은 대중을 위해 쉽게 쓴 책이다. 이후 안희제 관련 연구가 부족함을 느끼고 자료를 추적하고 연구를 계속하였다. 마침 2013년 백산안희제선생순국70주년추모위원회에서 추모논총 『백산 안희제의 생애와 민족운동』이 발간되었다. 학계 전문가들이 안희제의 독립운동을 분야별로 분담하여 집필하였다. 「의령 입산리 안씨의 전통과 문화유산」(조동걸/국민대 명예교수), 「대동청년당의 결성과 활동」(김성민/국가보훈처 연구관), 「안희제의 계몽운동과 문화운동」(장석흥/국민대 교수), 「백산무역주식회사의 설립과 경영」(권대웅/대경대 교수), 「백산 안희제의 항일 언론활동」(정진석/한국외국어대 교수), 「백산 안희제의 대종교 독립운동과 순국」(이동언/독립기념관 책임연구위원), 「백산 안희제의 민족운동사적 위치」(이만열/숙명여대 교수), 「백산 고택의 숨은 이야기」(안경하/안희제 사손) 등 입니다.

이 추모논총의 연구성과를 참고하고 자료조사를 통해 그동안 논란이 되었던 양정의숙 졸업년도, 대동청년단 명칭문제, 러시아 페테르스부르크 망명, 블라디보스토크 최광(최병찬)과의 인연, 백산상회 설립연도, 백산상회 터, 백산상회 지점 및 출장소, 독립운동자금 임정지원 문제, 발해농장 건설과 김태원과의 관계, 임오교변 전말 등을 규명하고 보완하고자 하였다. 아직 규명하지 못한 부분은 연구과제로 남기며 안희제 연구자로서의 책임을 다하고자 합니다.

광복50주년인 1995년 부산에 백산기념관이 개관하였고 2024년 부산 KNN에서 '의령에서 발해까지 백산'영화를 제작하여 전국 영화관에서 상영되었습니다. 관람객들의 소감은 '안희제를 몰랐다, 감동적이다'라는 평이었습니다. 2025년 5월 21일 안희제의 고향인 의령에 '백산 나라사랑 너른마당' 전시관이 개관하였습니다.

독립운동가 연구에서 대상인물의 생애와 활동을 팩트체크를 통해 과연 몇 %를 복원할 수 있을까? 완전히 복원하고 제대로 밝히기는 어렵지만 독립운동가로서의 안희제는 '독립운동 자금의 젖줄', '독립운동의 CEO'라는 의미부여와 함께 재평가할 수 있지 않을까 합니다.

2025년 8월 선인역사문화원에서
이동언

책을 내며 · 5

제1장 독립운동가의 기개를 키운 의령 설뫼마을 · 13

제2장 계몽운동과 문화운동에 투신하다 · 22

제3장 비밀결사단체를 결성하다 · 55

제4장 국내독립운동기지 백산상회를 설립하다 · 72

제5장 독립운동지도자를 양성하다 · 91

제6장 협동조합운동에 앞장서다 · 96

제7장 날카로운 항일언론투쟁을 전개하다 · 105

제8장 국외독립운동기지 발해농장을 건설하다 · 125

제9장 대종교에 귀의하다 · 133

제10장 임오교변으로 순국하다 · 140

제11장 경교장의 통곡소리 · 166

제12장 백산 안희제의 민족운동사적 위상 · 169

임종당시상황(臨終當時狀況) · 174

안희제 연보(1885-1943) · 178

참고문헌 · 182

제1장

독립운동가의 기개를 키운 의령 설뫼마을

안희제는 1885년 8월 4일(음력) 경남 의령군 부림면 입산리에서 부친 안발(安鏺)과 어머니 고성이씨 사이에서 맏아들로 태어났다. 자는 태약(泰若), 호는 백산(白山), 본관은 탐진(耽津)이다. 안희제가 태어난 입산리 설뫼마을은 의령군의 동북쪽에 위치한다. 뒤로는 장백산이 가리고 앞으로는 낙동강 지류인 유곡천이 흐르는 배산임수(背山臨水)의 마을이다. 배산의 산모양이 가파르게 섰다(설뫼)고 해서 입산(立山)이라는 지명이 지어졌다. 그리고 유곡천이 북쪽으로 흘러들어 풍수로는 영웅을 배출하는 지형을 가지고 있다고 해서 설뫼마을에서 많은 인물이 배출되었다고 한다.

탐진(耽津)안씨는 순흥안씨에서 분계한 성씨인데, 순흥안씨

7세 3형제 중 셋째 원린(元璘)이 분가하여 탐진안씨 1세로 독립했다고 한다. 그러한 탐진안씨가 입산리로 이주한 것은 조선중기이다.

안희제 가문은 신분적으로는 소지주 향반에 속했으며, 안향(安珦)의 후예로 전통유림 집안이었다. 의령은 1592년 임진왜란 당시 전국 최초로 의병을 일으킨 홍의장군 곽재우(郭再祐) 의병장이 유명한데 그와 더불어 의병을 전개한 안기종(安起宗) 의병장은 안희제의 선조다.

안희제 생가

안희제가 태어난 해인 1885년은 갑신정변(甲申政變)이 일어난 다음해로 갑신정변의 결과 한국정부의 배일감정은 더욱 높아져 갔다. 이후 일본이 청일전쟁(淸日戰爭)에서 승리한 후 청일간에 '천진조약'이 체결되고 구미열강들은 앞을 다투어 한국진출을 꾀하였다. 특히 러시아가 겨울에 얼지 않은 부동항을 획득하기 위해 남하하자 1885년 영국이 거문도를 점령하는 거문도 사건이 발생하였다. 이러한 상황에서 안희제 집안과 같은 소지주 향반계층은 몰락해 가게 되고, 양심적 유림층은 민중대열에서 국권회복을 위한 계몽운동에 투신하게 되었다.

안희제는 어려서는 고향에서 집안의 형인 안익제(安益濟)에게 한학을 배웠다. 안희제는 인사성도 바르고 재주도 비상하였다. 마을 서편 가파른 산중턱에 자리잡은 산사 재실에서 공부할 때, 비가 오나 눈이 오나 늦은 밤까지 하루도 결석한 적이 없이 공부에 전념하였다. 안희제가 나이가 어려서 어머니가 손을 잡고 재실 입구까지 데려다 주면 안희제는 어머니가 돌아가는 길을 걱정하여 어머니를 불러본 후 어머니의 대답이 들리지 않은 연후에야 재실로 들어가서 공부를 하였다고 한다. 이를 지켜본 사람들은 모두 안희제의 지극한 효성에 칭송이 자자하였다. 또한 공부하다가 의심나는 점이 있으면 식사도 거른 채 질문하여 의문이 풀려야만 집으로 돌아가

곤 하였다. 안희제를 가르치던 안익제도 식은 땀을 흘린 적이 한두 번이 아니었다고 한다.

안희제는 소학(小學)과 물리(物理)에 능통하였고, 작문(作文)에도 뛰어났다. 필법(筆法)도 훌륭하였는데 윤백당(尹白堂)의 서체(書體)를 본땄으며, 이 서체로 조부가 부친에게 물려준 『주자서(朱子書)』한 질을 공부한 후 필요한 것을 뽑아서 기록하기도 하였다. 15세가 되자 경서(經書)를 모두 통달하였다. 이때 그를 가르치던 안익제는 안희제를 다음과 같이 평하였다.

> "이 아이의 의리변론(義理辯論)과 춘추대의(春秋大義)의 밝음은 이 노학자가 미치지 못하는 바이니 장래는 물론 우리 겨레의 영광이 클 것이며, 몇 사람 되지 않는 유림 중의 한사람이 될 것이다."

안희제가 17세 되던 해인 1901년 의령군아에서 백일장이 열렸다. 의령군수 정봉시(鄭鳳時)가 부제(賦題)를 내리자 안희제가 제일먼저 그 문제를 풀고 문장을 짓자, 안희제의 글재주에 놀란 의령군수 정봉시가 그의 등을 어루만지며, "참으로 재주있는 사람이다. 후일에 경성에서 다시 만나자!"라고 치하하면서 후한 상을 내렸다. 이때 안희제는 다음과 같은 한시를 지어 그의 문장력과 포부를 다시 한번 과시하여 주위 사람들을 놀라게 하였다.

새는 한가로움을 좋아해 골짜기만 찾아드는데
조욕유한심벽곡(鳥欲有閑尋僻谷)
해는 편벽되기를 싫어하여 중천에서 광채를 더 한다
일겸편조도중천(日慊偏照到中天)

또한 안희제는 19세의 나이로 1903년 7월 15일부터 10월 10일까지 영남의 유명한 유학자 장석신(張錫藎) 등 의령, 합천, 삼가, 단성, 진주, 하동 등지의 사림(士林) 30여 명과 함께 동행하여 낙동강 합강정(合江亭)을 시발점으로 90여 일 동안 지리산 일대와 하동 쌍계사(雙溪寺), 악양 고소성(姑蘇城), 섬진강 등지를 유람하고 뛰어난 문장력으로 32수의 한시를 지어 『남유록(南遊錄)』에 남기기도 하였다. 『남유록』에는 안희제가 지은 시 32수만 추려서 모은 「백산시초(白山詩抄)」가 수록되어 있다.

러일전쟁이 일본의 승리로 끝나자 1905년 11월 19일 일제는 을사조약을 강제 체결하여 한국의 외교권을 박탈하고 내정을 간섭하였다. 또한 일제는 군사력을 배경으로 하는 한국에 대한 지배권을 군사적 측면 뿐만아니라 정치적·경제적 침략을 더욱 노골화 하였다. 당시 고향인 의령 율리재에서 독서에 열중하고 있던 안희제는 을사조약 강제체결 소식을 전해듣고 비통한 마음을 금치 못해 책을 덮고 탄식하며 다음과 같이 말하였다.

"소위 국록(國祿)을 먹고 있는 세신배(世臣輩)가 어찌 이 같은 불측한 일을 감행할 수 있단 말인가. 그들 역시 성현(聖賢)의 글을 읽은 자들인데 도리어 망국의 죄를 저질렀으니 그들의 목을 베어야 한다"

안희제는 비장한 마음으로 다음날 아침 집으로 돌아와 부친과 조부 앞에 고하였다.

"나라가 망했는데 선비가 어디에 쓰일 것입니까? 고서(古書)를 읽고 실행하지 않으면 도리어 무식자만 같지 못합니다. 시대에 맞지 않는 학문은 오히려 나라를 해치는 것이니, 내일 당장 서울로 올라가 세상에 맞는 학문을 하여 국민의 직분을 다하는 것이 가위 공맹(孔孟)의 도(道)라 할 수 있는데 어찌 산림(山林)에 숨어서 부질없이 글귀만 읽고 있겠습니까?"

이 말을 들은 안희제의 부친과 조부는 "너의 말이 옳다. 그러나 난리가 끝나는 것을 기다렸다가 그 동정을 살펴서 행동하도록 하라!"고 하며 허락하지 않았다. 이에 안희제는 공부하던 학당을 물러나와 하루종일 생각한 끝에 드디어 그날밤 여장을 갖추어 아무도 몰래 상경하였다. 그러자 가족들과 친척들은 모임을 가지고 안희제의 행동과 뜻을 가상하게 여겨

일차 상경하여 그가 돌아올 것인지 돌아오지 않을 것인지를 확인한 후, 그의 마음을 안정시켜 주는 것이 좋을 것이라는 데 의견을 모았다.

안희제는 일제 침략에 대항하여 국권을 회복하기 위해서는 신학문을 통한 새로운 무장이 필요하다는 것을 절실히 느끼고 보성전문학교(普成專門學校) 경제과에 입학하였다. 다음 해 1월 조부가 상경하여 당시 서울에 살고 있던 안희제의 집안 형인 안석제(安奭濟)의 집을 찾아왔다. 이때 안희제는 조부에게 다음과 같이 말하면서 통곡하였다.

보성전문학교 전경과 학생들

"나라가 망하면 백성도 망하는 법입니다. 지금의 필연의 대세를 보건대 옛것을 굳게 지키면 어찌 우환을 면할 수가 있겠습니까?

지금으로부터 4,5년 후에는 꼭 고향으로 돌아와 불효의 만분의 일이라도 갚도록 하겠습니다"

안희제의 굳은 결심을 듣고난 조부는 다음과 같이 당부하였다.

"너의 마음이 정 그렇다면 말리지는 않겠다. 그러나 나라에 있어서나 집안에 있어서 남의 웃음거리는 되지 말아야 한다"

1906년 보성전문학교 경제과에 입학한 안희제는 다음해인 1907년 양정의숙(養正義塾)으로 전학하였다. 그 이유는 당시 보성전문학교 설립자 이용익(李容翊)이 러시아로 망명하자 재정난을 겪게 되었고 교장 이종호(李鍾浩)에 대한 배척운동이 일어나게 되었는데 안희제가 관련되었기 때문이다. 보성전문학교에서 퇴학한 2학년생도 24명이 연명하여 양정의숙에 입학을 청원하였다. 양정의숙에서는 이들을 위해 1908

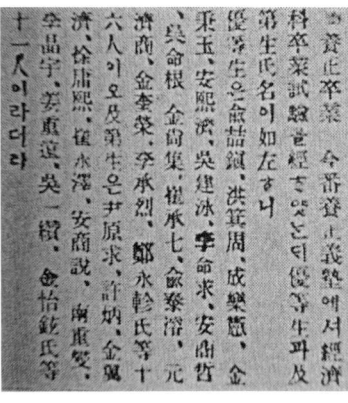

양정의숙 졸업 신문기사(황성신문 1910. 1. 19)

년 경제과를 특설하였다.(『대한매일신보』 1908년 3월 5일자) 안희제는 1910년 양정의숙 경제과를 우등생으로 졸업하였다.(『황성신문』 1910년 1월 19일자)

러일전쟁과 일제의 을사늑약 체결 이후 안희제는 계몽주의로 전환하여 국권회복을 위해서는 신학문을 통한 자주독립 사상 고취가 급선무라고 판단하였다 그 후 안희제는 보성전문과 양정의숙 학우들을 중심으로 청년지사들과 교류하면서 계몽운동에 투신하게 된다. 그리하여 안희제는 고향인 의령을 중심으로 영남각지를 순회하면서 민중계몽을 위한 강연회를 개최하고, 교남학우회(嶠南學友會)를 조직하고 의령에 의신학교(宜新學校)·창남학교(刱南學校)를 설립하였고, 또한 윤상은(尹相殷)과 함께 동래(東萊) 구포(龜浦)에 구명학교(龜明學校)를 설립하여 교육을 통한 계몽운동을 전개하였다.

제2장

계몽운동과 문화운동에 투신하다

　안희제가 전개한 계몽운동과 문화운동에 대해 살펴보기로 하자. 러일전쟁을 전후하여 일어난 계몽운동은 국권회복을 위한 실력양성운동으로 주로 언론·교육 분야에서 펼쳐졌다. 이무렵 안희제는 고향 의령을 비롯하여 영남지역에서 신교육을 위한 학교설립에 앞장서는 한편 교남교육회에 참가하여 계몽교육의 일익을 담당하였다. 안희제가 전개한 문화운동으로는 대종교, 중외일보, 기미육영회, 부산예월회, 부산청년회 등을 들수 있다. 안희제가 전개한 문화운동 중에서 대종교, 중외일보, 기미육영회 등은 별도 항에서 다루기로 한다.

　안희제의 교육을 통한 계몽운동에 대해 살펴보자. 양정의숙 경제과에 다니던 무렵인 1907년 안희제는 고향인 경남 의령을 중심으로 국권회복운동을 전개하기 위해서는 신학문을 통한 교육이 급선무임을 주장하고 후진 양성과 교육을 위해 신식학교를 설립하기로 하고 1907년 의령군 중동에 의신학교를 설립하였고, 같은해 윤상은 등 지방 유지들과 함께 동래 구포에 구명학교(龜明學校, 현재 부산구포초등학교의 전신)를 설립하고 1909년에는 교장에 취임하여 2년간 직접 학교를 운영하였다. 구명학교는 1906년 11월 윤상은·박형전(朴馨銓)·이경화(李敬和)·장우석(張禹錫) 등 발기인 26명의 기부금으로 설립되었다. 구포사립학교취지서(龜浦私立學校趣旨書)를 보면 "구자(龜者)는 신명지족이(神明之族而) 사령지일야(四靈之一也)"에서 교명(校名)을 '구명(龜明)'이라 하였고 국권회복을 위한 민족교육의 중요성을 강조하고 있다. 구명학교는 1907년 9월 9일(음력) 개교하여 초대교장에는 장우석이 취임하였다. 구명학교 설립기부금(設立寄附金) 명단(名單)을 보면 학교설립을 위한 재정은 대부분 장우석·윤상은·오치현(吳致賢)·박용주(朴龍州)·서기표(徐琪杓) 등이 부담하였음을 알수 있다. 이후에 기술할 대동청년단(大同靑年團) 단원으로 상해 대한민국임시정부 초대 재무차장을 지낸 윤현진(尹顯振)은 구명학교 제1회 졸업생이다.

  구명학교는 1년제 소학교였는데, 일제의 조선교육령(1911)·

사립학교령(1915) 등 제반 교육령을 통한 식민지 교육 정책 시행과 민족 교육 탄압에 의해 1918년 4월 1일 구포공립보통학

구명학교 개교식(1907. 9. 9)

교로 변경되었다. 공립학교가 되면서 동래군 구포면 화명리(華明里)의 사립화명학교(私立華明學校)와 구포의 여학교 사립 정명의숙(私立貞明義塾)이 구포공립보통학교로 통합되었다.

1907년 양정의숙에 재학중인 안희제는 교남학우회(嶠南學友會)를 조직하여 임원으로 활동하며 학생들을 규합하였다. 1908년에는 교남교육회(嶠南敎育會) 평의원이 되었다. 1908년에는 의령 입산리에 창남학교를 설립하여 청소년들에게 신학문을 교육하고자하였다. 이 소식을 전해들은 집안어른들의 반대가 거세었다. 안희제는 식음을 전폐하고 어른들을 설득하였다. 창남학교는 문중 재산으로 설립하였는데 설립 당시 집안의 심한 반대에 부딪쳤으나 안희제의 친척형인 수파(守坡) 안효제(安孝濟)의 도움이 컸다고 한다. 전 홍문관(弘文館) 교리(校理)를 지낸 안효제는 안희제를 돕기위해 마을 어른들

에게 다음과 같이 설파하였다.

> "닥쳐 올 내일의 일은 자손들에게 맡기는 것이 옳은 일입니다. 부로(父老)들의 목숨은 천백세를 살지 못하는 것인즉, 만약에 옛것만 지키는 일만 한다면 어찌 밀려오는 신사조(新思潮)를 막을 수 있겠습니까?"

안희제는 집안어른들을 설득하여 드디어 문중재산으로 창남학교를 설립하였다. 창남학교는 경남지역에서는 세번째로 설립된 사립 신교육 기관이었다. 의신학교와 창남학교는 모두 소학교이다. 당시 영남지역이 신교육기관이나 학회설립이 타지역에 비해 늦은 이유는 보수유림들의 강한 반발이 가장 큰 이유중의 하나였다.

당시 영남지역의 신교육운동은 지역 유림들의 강한 반발에 부딪혀 어려움을 겪었다. 그 대표적인 예를 들면 경북 안동의 협동학교(協東學校)를 통해 짐작할 수 있다. 협동학교는 1907년 3월 경상북도 안동군 임하면 천전동에 설립되었다. 협동학교는 보수 유림의 거센 반발에 부딪혀 학교 운영에 어려움을 겪었다. 1909년 협동학교 교직원과 학생 30여 명의 단발단행은 보수 유림들의 심한 비난을 받았으며, 1910년에는 이 지역 의병들이 독립운동 방략의 차이를 이해하지 못하고 협동학교를 공격하여 교감 김기수(金箕壽), 교사 안상덕(安商德)과 회계 이종화(李鍾華)가 피살되는 사건이 발생하였다. 이 사건을 당시 『황성신문』에서는 「조협동학교(弔協東學校)」라는 논설을 통해 '협동학교의 불행한 변'이라 하여 김기수·안상덕 두 청년교사의 죽음을 애도하였다. 그리고 보성전문학교 교원 2명이 두 교사의 죽음을 원통하게 생각하여 안동으로 달려 갔으며, 대구군 대한협회(大韓協會) 안동지회에서는 특별회를 개최하여 안동 유림의 완고함을 성토하는 성토문을 발표하고 협동학교를 지지하였다. 안희제는 보성전문학교 동창인 김기수·안상덕 두 교사의 피살소식을 듣고 안동으로 달려가 시신을 서울로 운구하여 장례를 치렀다. 안희제는 안동 협동학교 설립에도 관여하였으며 이후에도 협동학교를 위해 후원을 아끼지 않았다. 협동학교 교감 김동삼(金東三)과는 대동청년단과 조선국권회복단(朝鮮國權回復團)에서 같이 활동한 동지였다. 협동학교의 김기수·안상덕 두 청년교사의 피살사건은 안동지역 뿐만아니라 당시 전통보수 세력과 개화혁신 세력간의 갈등을 단적으로 보여주는 대표적인 사건이었다.

영남지역은 보수유림들의 강한 반발에도 불구하고 보성전문학교·양정의숙 등에서 신학문을 수학한 청년지사들의 노력으로 보수유림들의 분위기가 일신되어 가고 신교육기관 설립을 통해 계몽운동의 핵심적인 역할을 수행하였다. 당시 영남지역 인사들 중에서 보성전문학교 출신으로는 안희제를 비롯하여 남형우(南亨祐, 고령)·최병찬(崔炳贊, 의령)·서상일(徐相日, 대구)·신백우(申伯雨, 청원)·신성모(申性模, 의령)·신상태(申相泰)(칠곡)·이각종(李覺鍾, 대구) 등이 있고, 양정의숙 출신으로는 안희제·박상진(朴尙鎭, 경주) 등이 있다. 이들 청년지사들은 서로 교류하면서 각자 고향을 중심으로 계몽운동을 전개하였다.

안희제는 특히 교육에 많은 관심을 기울여 1921년에는 부산에 고등보통학교 설립을 위해 노력하였다. 한편 안희제는 1922년 12월 서울에서 민립대학설립기성준비회가 발기하여 본격적인 민립대학 설립운동이 일어나자, 다음 해 1월 부산에서 이경우(李卿雨), 김준석(金準錫), 문상우, 김국태(金局泰) 등과 함께 발기인으로 참여하기도 하였다. 1923년 2월에는 부산진공립상업학교(부산상업고등학교 전신) 학생들이 학교 승격과 교명 변경을 요구하며 동맹휴학을 단행하였을 때 부산상업회의소 의원 대표 자격으로 학생들의 요구를 관철시키기 위해 앞장섰다. 또한 1924년 2월 마산에서 경남유림대회를 개최하고 교육사업 추진을 목적으로 유도협성회(儒道協成會)를 조직하자 참여하여 이사로 활동하기도 하였다. 1926년에는 부산도립여자고등보통학교 기성회 임원으로 학교 발전을 위해 진력하였다.

그외에도 1933년 중국으로 망명하여 발해의 고도인 영안현 동경성에 국외독립운동기지인 발해농장(渤海農場)을 건설할 때도 한국인 이주농민들과 2세들에게 민족정신과 자주독립 정신을 고취하기 위해 동경성 중앙에 발해보통학교를 설립하고 교장으로 취임하여 민족교육에 정열을 기울였다.

안희제는 교남교육회에 참여하여 계몽운동을 전개하였다. 교남교육회는 1908년 3월 15일 창립된 학회이다. '교남(嶠南)'이라는 용어는 '영남(嶺南)'과 같은 뜻으로 영남지역을 중심으로 하여 설립되었음을 알 수 있다. 한말 설립된 학회의 명칭을 보면 대개 지역단위를 중심으로 결성되었다. 교남교육회는 당시 서북학회(西北學會, 1908. 1)·호남학회(湖南學會, 1907. 7)·기호흥학회(畿湖興學會, 1908. 1)·교남교육회·관동학회(關東學會, 1908. ?) 중에서 관동학회와 함께 가장 늦게 설립되었다.

교남교육회에 관해서는 교남교육회에서 발행한 『교남교육회잡지(嶠南敎育會雜誌)』를 통해서 교남교육회의 창립취지와 성격, 활동 등을 파악할 수 있다. 『교남교육회잡지』는 교남교육회가 창립된지 1년 1개월 후인 1909년 4월 25일 창간되어 1910년 5월 25일 제12호를 마지막으로 종간되었다. 총

12호 중에서 제7호(1909년 11월 25일)와 제9호(1910년 2월 25일)가 결호이고 나머지는 남아있다.

교남교육회 창립경위를 살펴보면 1908년 3월 8일 재경 영남지역 인사 140여 명이 보광학교에서 교남교육회 발기회를 개최하였다. 발기회에서 김중환(金重煥)이 임시회장으로 추대되었고, 박정동(朴晶東)이 교남교육회 창립취지를 설명하고, 최정덕(崔廷德)이 「관습개량(慣習改良)」이라는 주제로 연설을 하였다. 이어 교남교육회는 3월 14일 종로청년회관에서 150여 명이 참석한 가운데 임시총회를 개최하고 임시의장으로 현영운(玄暎運)을 선출하였다. 이어 각 임원을 선출하고, 다음날 보광학교에서 발기인 박정동·상호(尙灝) 등을 비롯한 영남지역 인사 145인이 모여 총회를 개최함으로써 창립되었다. 교남교육회 임원은 회장 이하영(李夏榮), 부회장 상호를 비롯하여 48인이었고, 같은 해 4월 25일까지 가입 회원수는 384명에 달하였다. 교남교육회를 창립하게 된 배경은 영남지역이 전통적으로 유림의 보수적인 성

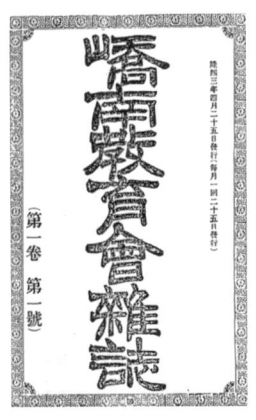

『교남교육회잡지』(1909)
안희제는 교남교육회 교육시찰위원으로 영남 각지를 순회하면서 학교설립을 지도하였다.

향이 강하여 다른지역에 비해 신문물의 수용이나 신교육 도입이 늦어져 보다 각성하여 보다 구체적이고 실천적인 '흥학설교(興學設校)'를 추진하기 위해 교남교육회를 설립하게 되었다. 더욱이 대한자강회가 해산되고 설립된 대한협회가 친일화하자 지역학회가 없는 지역은 해당지역 인사들이 중심이 되어 지역학회 설립이 활발하게 이루어졌다.

교남교육회 취지서를 보면 국권회복운동 위해 교육에 중점을 두었으며, 교남교육회의 설립이유를 교남이 타지역에 비해 학회 설립이 늦었음을 지적하여 "유독 우리 교남이 추로지향(鄒魯之鄕)이라 일컫고 영준한 자제가 많으므로 기반이 튼튼한 학문적 자질이 새로운 지식을 교육하여 장래를 대비하여야 함"이라고 밝히고 있다. 교남교육회는 설립목적을 '교남교육의 진흥을 목적으로 한다'라고 명시하고 있다. 아울러 교남교육회는 '교남교육회규칙'과 '통상회세칙' 그리고 '교남교육회지회설립규정', '교남교육회지회규칙' 등을 제정하였는데 교남교육회규칙의 내용은 다음과 같다.

교남교육회규칙

제1조 본회는 교남교육회라 명명함.
제2조 본회는 교남교육을 진흥함을 목적으로 함.
제3조 전조의 목적을 달성하기 위해 다음과 같은 방침 세움

① 사범학교를 경성내에 설립할 것

② 지회를 본도내에 설립하여 학교를 설립할 것

③ 본회와 기타 필요한 서적을 수시로 발간할 것

제4조 본회의 본사무소는 한성부내에 설치하고 지회사무소는 본도내 각 지방에 설치한다

제5조 본회 회원은 아래와 같은 자격이 요함

① 대한제국 남자로 연령이 만 20세가 된 자

② 교남에서 출생하였거나 또는 본적이나 거주지가 있는자

제6조 본회 임원은 회장1인 부회장 1인 총무 1인 재무부장 1인 도서부장 1인 교육부장 1인 간사 약간인 서기 약간인 회계 2인 사찰 2인 학무원 약간인 편술원 약간인 평의원 30인으로 함

제7조 임원의 임무는 아래와 같음

① 회장은 전회를 총괄 대표함

② 부회장은 회장을 보좌하고 회장이 유고한 시는 그사무를 대변함

③ 총무는 회중의 일체 사무를 장악하여 정리함

④ 부장은 각기부내 사무를 장악하여 정리하며 소관책임을 지휘감독함

⑤ 간사는 회중 서무와 기타 교섭사항을 담임함

⑥ 서기는 일체서류에 개한 사무를 담임함

⑦ 회계는 회중 재정의 출납장부를 작성하여 총회때마다 보고함

⑧ 사찰은 회장의 지위를 승인을 받아 회중질서를 정숙케함

⑨ 학무원은 교육부의 제반사무를 담당함

⑩ 편술원은 도서부의 제반사무를 담당함

⑪ 평의원은 회중 중요한 사항을 의결하며 총회에 제출할 의안을 미리 의논함

제8조 참무원은 본도 각지방관으로 추천하여 정하고 일반회무를 도움

단, 필요로 인할 시는 회원 자격이 있는 인사라도 추정함을 득함

제9조 찬성원은 국내에 유지인사로 영입하여 본회취지를 협찬함

제10조 회비는 입회금, 연회비, 기타수입금으로 충당함

제11조 통상회는 매계절 초하루 제 3일요일로 정함

  단, 회무의 필요를 인할 시는 임시총회를 개최함도 득함

제12조 평의회는 통상회전 일주일내에 개최함

  단, 필요를 요할 시는 개회함도 득함

제13조 본회목적에 위반하거나 체면을 손상하는자 있어 주의를 주어도 한결같이 고치지 아니한 시는 퇴회를 명함

부칙

제14조 본회규칙에 정함바가 없을시는 세칙 또는 총회결의에 의함

제15조 본규칙을 개정할 필요가 있을 시는 총회의 출석원 2/3 이상의 가결을 요함

세칙

제1조 임원은 통상회에서 추천위원 5인 이내로 선정하여 추천권을 추천하고 투표권은 일반회원에게 있음

  단 회장, 부회장, 총무, 각부장은 피천인중에서 무기명투표식으로 제한선거하고 서기, 사찰은 회장이 기피하고 기타 임원은 피천인으로 정하게함

제2조 임원의 임기는 1년으로 정하되 만기 개정할 때는 전회 임원이 재차 피선함도 가함

제3조 입회금은 일원으로 연회비는 오십전으로 정하되 입회금은 입회후 1개월내로 납부하고 연회비는 매년 6개월내로 납입함을 요함

제4조 매월 1회식 회보를 간행하되 회원은 구람할 의무가 요함

제5조 지회설립은 본회에서 별정한 지회규칙에 의한다

제6조 회원이 별규 제13조의 행위가 있을 때에는 총회의 의결로 제명하고 회장이 회중에 선언한다

제7조 찬무원 및 찬성원은 총회와 평의회에 출석하여 의견을 진술함을 득함

제8조 회장 1인회에는 일반임원이 2개월 이상 임무를 겸임함을 득할 것

제9조 간사, 서기, 회계는 평의원의 결의로 상당한 보수를 지급할 것

부칙

제10조 보세칙을 개정할 필요가 있을 때는 규칙 제14조를 준용함

위의 '교남교육회규칙' 제3조를 보면 교남교육회의 설립목적을 달성하기 위해 3가지 구체적인 방침을 설정하고 있는데 첫째, 교사를 양성하기 위한 사범학교의 설립이다. 서우학회에서는 이미 교사 양성을 위해 서울에 서우사범학교(西友師範學校) 설립하였고, 기호흥학회에서도 기호학교(畿湖學校)

를 설립한 바 있다. 교남교육회에서도 타 학회와 같은 취지로 사범학교 설립하고자 하였으나 실현되지는 못하였다. 둘째, 영남지역 각군에 '흥학설교(興學設校)' 실현을 위해 지회설립을 추진하였다. 교남교육회는 지회설립을 통하여 학사(學事)의 자치(自治)를 도모하고, 학교설립은 '교남교육회규칙'에 의하면 '1면(面) 1교(校)'를 목표로 하였으나 구역이 장대한 지방에서는 2교 이상을 설립한다는 방침을 세웠다. 교남교육회는 지회 설립을 통하여 지회단위로 학교설립을 추진하였음을 알 수 있다. 셋째, 회보와 각종 서적의 간행이다. 교남교육회의 설립목적인 '교육진흥'·'민중계몽'을 위해 『교남교육회잡지』뿐만 아니라 다양한 서적을 간행하고자 하였다. '교남교육회규칙'을 보면 잡지 및 서적 간행을 위해 도서부를 두고 편술원을 선출하여 추진하였다. 『교남교육회잡지』는 교남교육회가 창립된 후 1년 1개월 후에야 창간되었으나 재정문제로 휴간하기도 하였으며, 1910년 5월 25일 제12호를 마지막으로 종간되고 말았다. 교남교육회의 기관지인 『교남교육회잡지』의 경우를 보면 재정의 어려움으로 서적 간행은 활발하지 못한 것 같다.

교남교육회의 활동은 '교남교육회규칙'를 보면 총회·평의회·통상회와 특별부서로 교육부·도서부를 두고 각종 사업을 추진하였다. 교남교육회는 다섯 개의 학회와 연대하여 학교의 설립 및 운영과 학회 운영에 관한 제반사항을 협의하였다. 교남교육회의 재정은 회원의 입회금·연회비 기타 수입 등으로 유지되었으나 실제로는 대부분 특별기부금에 의존하였다. 안희제·서상일 등 재력있는 인사만 회비를 납부하고 서기·평의원 등 간부들은 회의 운영에만 참여하였다. 이외에 교남교육회가 확보할 수 있었던 기본재산은 기호학회와 서북학회에도 기증한바 있는 충북 제천 출신 이희직(李熙直)이 기부한 전답 20두락이 있었다. 교남교육회는 각종 토론회·강연회·운동회 등을 통하여 회원 상호간의 친목과 교육발달을 도모하였다. 교남교육회는 교남학생친목회(嶠南學生親睦會)·동래부학생친목회(東萊府學生親睦會)·달성친목회(達成親睦會) 등과 긴밀한 유대관계를 유지하였다. 또한 교남교육회는 학교의 설립과 운영을 직접지도하였다. 안희제는 남형우(南亨祐)·박태훈(朴泰薰) 등과 함께 교육시찰위원으로 영남 각지를 순회하면서 학교설립을 의한 지도활동을 전개하였다. 특히 남형우는 대구 달성친목회가 개최한 환영회에서 '교육(敎育)은 오인(吾人)의 생명(生命)'이라는 주제로 연설을 하였으며, 동래에서는 각 학교를 순회 시찰하면서 기금적립과 교육과정의 개량방침을 역설하기도 하였다. 그리하여 영남 각지에 강습소가 설치되었고, 교남교육회 지회 및 부인회를 조직을 위한 움직임이 활발하였다.

교남교육회는 창립이래 안동군·거제군 2곳에 지회를 설립하였는데 설립된 지회를 통해 각지에 학교 설립을 추진하였다. 안동군의 경우에는 광명학교(廣明學校)·동양학교(東陽學校)·협동학교가 설립되었고, 이외에도 예안의 보문의숙(寶文義塾), 봉화의 조양학교(朝陽學校), 금산의 양성학교(養成學校)·보통학교(普通學校), 인동의 동락학교(同樂學校), 동래의 양정학교(養正學校)와 진명학교(明進學校), 진주의 신안학교(新安學校), 김해의 동명학교(東鳴學校) 등 학교설립을 지원하였다. 이외에도 교남교육회에서는 교육진흥을 위한 각종 계몽활동을 전개하였다. 교남교육회의 계몽활동은 학회의 총회·임시총회·통상회·간친회 등을 비롯하여 각지에 권유위원들을 파견하여 활발하에 전개하였다. 안희제는 교남교육회 창립이전에 구명학교·의신학교·창남학교 등을 설립하여 교육에 매진하였으며, 교남교육회에 참여하여 평의원·교육부학무원·회계 등을 역임하며 활발한 활동을 전개하였다.

안희제는 부산에서 부산예월회와 부산청년회를 통해 문화운동과 청년운동을 전개하였다. 안희제는 기미육영회 조직과 함께 1919년 12월 부산예월회(釜山例月會)를 조직하고 대표로 학교설립·확장운동과 아울러 교육·산업개선 청원운동을 전개하였다. 일제는 1919년 3·1운동 이후 소위 '문화정치'를 표방하고 여러분야에 걸쳐 제도개편을 자처하였으나 실질적인 개선은 이루진 것이 거의 없는 형식에만 그쳤다. 그중에는 교육제도 개편도 시행하였는데 그 내용은 1920년 11월 임시교육조사위원회와 다음달인 12월 조선총독부 교과서조사위원회 규정을 발표하였다. 1921년 1월에는 제1회 임시교육조사위원회를 개최하였다. 조선총독부의 이러한 움직임에 대하여 1921년 5월 제2회 임시교육조사위원회를 앞두고 민족자본가들은 대응책을 마련하였는데 그 움직임은 제일 먼저 부산에서 시작되었다. 1921년 3월 12일 부산예월회는 임시교육조사위원회에 제출하기 위한 건의안을 심의하였다. 이어 4월 24일, 25일 양일간 부산지역 유지 100여 명이 조선교육개선기성회를 조직하고 임시교육조사위원회에 제출할 진정서를 일천 수백 명의 연서로 작성하였다. 같은 날 부산예월회 회원들도 동래군 유지 40여 명과 함께 건의서를 작성하였다.

또한 일제는 1920년 4월 회사령을 철폐하고 1921년 6월 산업조사위원회 규정을 발표하였다. 이에 민족자본가들의 산업개선청원운동이 전개되는데 부산예월회에서는 6월 25

일과 29일 임시총회를 열어 이 문제를 토의하였다. 그러나 이러한 교육·산업개선 청원운동은 일선동화와 차별 교육정책의 철폐, 식량·원료·노동력 공급기지화와 상품판매 시장화 등 일련의 일제 식민정책의 폐기를 요구하였으나 실효를 거두지는 못하였다.

부산예월회는 1916년 조선인 상업회의소가 일본인 중심의 부산상업회의소로 병합된 이후 독자적인 조직체를 갖지 못하고 있던 한국인 자본가들이 1919년 3·1 운동 이후 독자적인 '상공구락부' 설립을 추진하였는데 이것이 구체화된 것이 부산예월회이다. 부산예월회 회원수는 38명, 대표자는 안희제이다. 부산예월회의 구성은 앞에 언급한 기미육영회와 같이 간사와 평의원으로 임원이 구성되었다. 그중 간사는 1명이었는데 초창기 간사로는 북선창고주식회사 부산지점 지배인 홍종희(洪鍾熙)였으며, 1921년 4월 조선주조주식회사 사장 김종범(金鍾範)으로 교체되었다. 3·1운동 이후 국내 민족주의 계열은 다양한 문화운동을 통한 실력양성운동을 전개한다. 민족자본 형성을 민족산업 육성운동, 신교육을 위한 학교설립운동, 교육·산업 개선 청원운동 더나아가 청년운동을 통한 대중 계몽, 조직운동으로 확산시켜갔다. 이시기 전국적으로 전개된 문화운동에서 부산지역이 선도적 지위를 차지하였고 안희제는 최준·윤현태 등과 함께 부산지역 문화운동을 주도하였다.

안희제는 개인상회로 백산상회를 설립하여 국외 독립운동을 지원하기 위한 국내 비밀연락망과 독립운동 자금을 조달하는 등 국내 독립운동 기지로 중요한 역할하였다. 이후 백산무역주식회사로 확장하였을 뿐만아니라 안희제는 백산상회 주주들을 중심으로 조선주조주식회사·경남인쇄주식회사를 설립하는 등 이 시기 영남지역 지주 자본에 의해 활발하게 전개된 민족기업 설립을 주도해 나갔다. 또한 안희제는 1919년 11월 백산상회 관계자와 영남 유지들의 뜻을 모아 장차 독립운동을 위한 인재를 양성하기 위해 기미육영회를 조직하고 우수한 청년들을 선발하여 국외로 유학시켰다.

부산지역 자본가들이 사회문제에 관심을 가지고 문화운동을 확산시키기 위해 부산예월회를 조직하였다. 부산예월회는 안희제가 중심이 되어 1919년 12월 38명의 회원으로 조직되었다. 부산예월회 명단은 다음 표와 같다.

〈부산예월회 회원 명단〉

성 명	직업	경력
권인수	석탄상·대원상점·대동주조합자회사	학교 평의원(1927~30) 부회의원(1931~35)

성 명	직업	경력
김국태	은행원·기자	토산장려회·민립대학 발기인 신간회 지회장
김 규	삼산의원	학교 평의원(1924)
김병규	동래은행 지배인	도회의원(1927~33)
김성권		
김시구	김병선지점·동성상회주식회사 중역	상업회의소 평의원(1928~34)
김용조	경남인쇄주식회사 주주	
김종만		
김종범	조선주조주식회사 중역(1919)	
김준석	부산진저축회사 대표	상업회의소 평의원(1920~24) 상애회 간부·생활개선회 임원 (1922)·학교 평의원(1924)
김철수	부산상사·고려상회 지배인	주택난구제부산시민대회 대표
김형찬	태복상회 지배인	
문상우	경남은행 지배인·동성상회 대표	부협의원(1923)·도평의원 (1927) 상업회의소 평의원(1920~26)
문영빈	백산무역주식회사 감사역 동성상회 중역	
문창호	삼양상회	
박영희	경남인쇄주식회사 주주	상업회의소 평의원(1922~24) 금주동맹
박학수	상인	상업회의소 회원(1916)
송기룡	광동상회	
송태관	구포저축주식회사 주주·경남은행 대표 삼사자동차주식회사 중역(1920) 조선주조주식회사 주주(1920)	공립상업학교 상의원(商議員)
안희제	백산무역주식회사·조선주조주식회사	상업회의소 부회두(1926~28)
윤병호	백산무역주식회사 취체역	주택난구제시민대표 도회의원(1933)
윤현태	백산무역주식회사 중역 일금상회 주임	부산상업학교 상의원(商議員)

성 명	직업	경력
이규직	구포은행 중역(1912)·석탄상 경남인쇄주식회사 주주	조선인상업회의소 회두(1914)
이근영		
이 청	경남인쇄주식회사 중역	상업회의소 평의원(1920~22)
임병인	면사포해륙물산 객주	
장우석	구명학교 교장·물산객주·무역상 구포저축주식회사 취체역	
전병학	경남은행 부지배인	
전석준	무역상·일금상회	양산군 참사(1917)
정기두	해륙물산 무역상·미곡상	부협의원(1920)·학교평의원(1920)
정상삼	정미소	상업회의소 회원(1916)
최보경		
최 순	백산무역주식회사 대표	
최연무	주일상회 지배인	
최태욱	태공상회·백산무역주식회사	상업회의소 특별의원(1920~22)
추내유	초량객주	상업회의소 평의원(1916) 부협의원(1927)
현영건		
홍종희	백산무역주식회사 원산지점장 삼산자동차주식회사 주주	

* 출전: 「朝鮮日報」 1921년 5월 5일; 「東亞日報」 1921년 6월 29일; 吳美一, 〈韓末 - 1920年代 朝鮮人 資本家層의 形成 및 分化와 經濟的 志向〉(성균관대학교 대학원 박사학위 논문, 1998); 李東彦, 〈白山 安熙濟 研究〉, 「한국독립운동사연구」 제8집(독립기념관 한국독립운동사연구소, 1994)

부산예월회 회원 명단을 보면 백산무역주식회사·경남인쇄주식회사 중역이나 주주인 부호, 무역상 등 자본가층으로 구성되어 있다. 1910년대 비밀결사단체의 주체로 활동하였던 교사나 지식인층이 빠지고 지역의 유력자인 자본가층으로 구성된 것은 당시 실력양성론에 기초한 문화운동의 명실상부한 주체로서 자본가층이 사회세력으로 등장한다. 핵심자본가들을 살펴보면 창원(김시구)·하동(문영빈)·의령(안희제)·양산(윤현태)·경주(최순)·청도(최태욱) 등 경남 각지의 지주층이 부산으로 결집하였다.

 부산예월회는 한국인 상공업의 발달과 한국인 교육개선을 위한 실력양성운동의 추진단체로 조직되었으므로 운동의 당면주체로서 비용을 부담할 수 있는 자본가층으로 구성되었다. 부산예월회를 구성하고 있는 회원들은 일제와의 관계나 민족운동에 대해서는 다양한 입장을 보이고 있다. 상해 대한민국임시정부나 국외 독립운동단체를 지원하는 항일비밀결사단체에서 활동한 안희제·윤현태·최태욱·최순 등이 있고, 문상우나 정기두는 부협의원으로 일제에 협조적인 인물이었다. 정기두는 1899년부터 무역상으로 조선물산을 경영하여 부를 축적하였고, 1906년 탁지부 세무관으로 임명되어 함경남도에서 근무한 뒤 1907년 이후 부산 초량에서 미곡상을 경영하였으며 땔나무 도소매상을 하였다. 1920년에는 부산부협의원으로 선출되었고 1932년 창립된 부산미곡거래소의 한국인으로는 유일한 회원이 될 정도로 일제당국과 친밀한 관계를 유지한 인물이었다. 또한 일제 문화정치의 대표적인 선전기구인 생활개선회 분회장이자 상애회간부로 활동한 김준석과 교풍회(矯風會) 회장인 김교식(金敎式) 등도 있었다. 1922년 부산에서는 가정과 사회생활의 상태와 도덕, 경제, 위생 등에 대하여 개선할 것이 적지 않으며 물가조절에도 생활개선을 이유로 유력자, 기타 각 정동(町洞) 대표 200여 명이 모여 생활개선회를 조직하였다. 생활개선회는 관변단체로 임원은 회장 목전(木田) 부윤, 부회장 길성(吉成) 재향군인회 회장, 분회장은 김준석이다. 사회주의 사상을 수용한 김종범 등 다양한 노선이 망라되어 있었다.

따라서 부산예월회의 활동은 일제가 표방하는 문화정치의 방침과 시행내용에 대한 한국인 자본가층의 견해와 요구조건을 제시하고 이를 관철하는데 초점을 두었다. 그 대표적인 활동으로는 부산예월회가 중심이 되어 동래지역 유지들과 함께 조선교육개선기성회를 조직하고 조선

부산예월회 개최 보도기사
(『동아일보』1921. 4. 12)

총독부의 조선교육조사위원회에 교육개선건의안을 제출하였다. 또한 부산예월회는 부산지역 초기 문화운동의 구심체로 조선총독부를 대상으로 하는 교육·산업 개선 청원운동을 선도하였다. 기미육영회와 마찬가지로 부산예월회도 1921년 후반 이후에는 전혀 활동이 나타나지 않는다. 그 이유는 일제의 감시와 통제 그리고 조직과정에서 구성원의 재원부담으로 인해 조직이 구심력을 갖지 못하고 대중화되지 못하였다.

3·1운동 이후 전국 각지에서 자본가층을 중심으로 문화운동 단체가 설립되었으나 지속적인 활동하지 못하자 각계 각층의 다양한 세력을 규합하는 대중적인 조직의 필요성이 대두되었다. 이런점에서 1920년대 초중반 사회운동을 주도한 조직이 청년단체였다. 1920년대 말경 부산에서는 부산진구락부와 고관, 초량, 영주동, 목도, 부인정, 곡정 등에 지역별로 7개의 청년단체가 결성되었다. 이들 청년회의 설립목적은 '지덕체(智德體) 삼육(三育)의 장려를 통한 윤리·도덕·경제의 건실한 도모'였다. 그러나 이들 지역별 청년회는 결성 후 활동이 부진하였다. 이에 지역별 조직을 탈피하여 1920년 말 부산청년회가 결성되었다. 부산청년회는 1925년 6월 회원이 600여 명으로 큰 규모로 부산지역에서 영향력이 큰 단체로 발전하였다. 안희제는 부산지역 민족운동을 주도한 부산청

년회를 지원하고 재무부 간사로 활동하였다. 부산청년회 임원 명단은 다음표와 같다.

<부산청년회 임원 명단>

성명	직업	경력
김준석	부산진저축회사 대표	동아일보 지국장 · 상애회 간부 · 상업회의소 평의원 · 학교 평의원
김종범	조선주조주식회사 중역	
김국태	은행원 · 시대일보 기자	양말노조간부 · 토산장려회 · 신간회 지회장
조동혁		
김철수	부산상사 · 고려상회 지배인	주택난구제회 부산시민대표
전성호		주택난구제회 시민대회 대표 · 부산진청년회 · 제4동우회
허영조		
추정명		제4동우회
어윤광	어윤광상점 · 국내통운사 주임	
유영준		
이석형		
서유형		
최석봉		
오형식	북선창고회사 대표	
강기흠	가등상점	
안희제	백산무역주식회사 · 금전대부업	상업회의소 평의원(1926~28) · 동아일보 지국장
김재준	초량객주	부협회의원(1921 · 1930) · 흥학회장 · 제4동우회
이병희	경남인쇄주식회사 지배인 협동인쇄사 사장	상업회의소 평의원
이유석	초량객주 남선창고주식회사감사	학교평의원 · 제4동우회

※ 출전: 『동아일보』 1922년 1월 13일, 1월 19일, 4월 29일; 1923년 11월 29일; 『시대일보』 1925년 11월 17일자; 오미일, 「한말~1920년대 조선인 자본가층의 형성 및 분화와 경제적 지향」, 박사학위 논문, 1997.

부산청년회 회원자격은 월회비를 납입하는 자는 유지회원(維持會員)이라 하였고 입회수속을 하지 않아도 부산지역 거주자이면 누구나 입회가 가능한 대중단체였다. 부산청년회는 회원자격 규정으로 인하여 단체의 재정에 기여하는 유지회원들이 주도하였다. 초기 부산청년회 간부들은 대개 금융업이나 상업에 종사하는 자본가들이다. 이들은 대개 상업회의소 평의원으로 활동하며 부산 경제계를 대표하는 인물들이다. 부산예월회의 경우와 같이 부산청년회 임원들도 청년회 활동은 같이 하지만 정치적인 입장을 달리하는 세력들이 혼재하고 있었다. 부회의원이나 상애회 간부로 일제와 밀접한 관계를 유지하는 세력과 비밀결사단체에 가입하여 활동하거나 또는 합법적인 문화운동에 적극 참여하여 민족운동을 지원하는 세력으로 나뉘어 지고 있었다. 부산청년회가 정치적인 성향이 다른 다양한 구성원들로 운영된 이유는 1920년대 초기에 일어난 문화운동이란 큰 범주 내에서 공유될 수 있었던 부분이 존재하였기 때문이다. 아울러 부산지역의 여건이 중앙과 같이 정치적 입장에 따라 분파되는 정도가 상대적으로 미약하였기 때문에 가능하였다.

부산청년회가 지역범위를 벗어나 조직되었으나 초기 이후 활동이 부진하자 각지에서는 다시 각지역의 동별(洞別) 청년단체가 조직되어 활동하였다. 1922년 5월경 창립된 서부청년회가 대표적인 동별 지역 청년단체로 회원은 100여 명에 이르렀다. 따라서 부산청년회와 지역별 청년회 회원으로 중복 가입되어 활동하는 인사들이 많았다.

부산청년회 정기총회 보도기사
(『동아일보』 1923. 11. 29)

　기미육영회·부산예월회·부산청년회 등 각종 청년단체가 중심이 된 문화운동의 주요내용은 대개 교육과 대중계몽운동이었다. 초기 청년단체들의 활동은 정치운동으로 확대되지는 못하였다. 오히려 지역유지·자본가·지식인층의 모임으로 학교평의원이나 부회의원 선거당시 후보를 공천하는 등 이익단체로 기능하기도 하였다. 이런점에서 야학개설, 강연회 및 토론회 개최는 계몽운동으로 대중을 계몽하기도 하였으나 자본가층이 역점을 둔 문화운동은 사립학교와 야학설립 등의 교육문제와 주택난 구제, 도항노동자 문제 등 일반대중의 생활과 밀접한 문제로 귀착될 수 밖에 없었다. 특히 교육을 통한 계몽운동은 매우 활발하여 자본가층은 사립학교와 야학을 설립하였고, 기존의 학교는 육영회를 통해 재정을 지원하였다. 중앙에서 민립대학 설립운동이 전개되기 몇 해 전에 이미 해외유학생 파견을 통한 인재양성을 목적으로 하는 기미육영회가 조직된 것은 부산지역 자본가층의 실력양성운동, 즉 포괄적인 개념에서의 문화운동의 특징을 잘 보여주고 있다.

1919년 3·1운동 이후 민족자본가들이 중심이 되어 문화운동을 선도하여 근로 대중으로 확대되어 부산에서도 주민운동이 시작되었는데 그중 하나가 주택문제개선요구운동이었다. 부산의 특수한 지리적 여건상 주택난주제사업도 문화운동의 현안으로 추진되었다. 당시 부산은 자본주의적 근대도시로 급속히 성장해 가는 과정에서 일제의 수탈이 심화되고 한국인은 몰락해 가는 상화이었다. 극소수의 일본인 대지주들이 부산의 토지를 소유하여 땅값 상승을 부추기고 이로 말미암아 주택 공급이 폭증하는 수요를 따르지 못해 집세의 폭등과 심각한 주택난을 야기하였다. 그리하여 한국인 근로 대중들은 여기 저기 빈민굴을 형성할 정도였다. 이러한 상황에서 일제는 근대도시 환경 조성이라는 미명하에 제1기 시구개정사업을 착수하였는데 이로 인해 다시 400여 호의 집이 철거당하였다. 부산지역 민족자본가들은 이일을 계기로 부산주택난구제기성회를 발기하여 1921년 8월 3일 발기총회를 개최하였다. 부산주택난구제기성회 발기총회에서는 이 운동을 지역주민운동으로 전개하기 위하여 부산시민대회를 열기로 결의하고 시민대표로 안희제·김종범·김준석·강환호·전성호·이영언(李榮彦)·최천택·김철수·최태욱 등 14인의 실행위원을 선출하였다. 같은 해 8월 25일 부산청년회관에서 시민대회를 개최하고 조선총독부에 부산 주택난 구제책 마련과 한국 택지, 가옥 대차에 관한 법령 제정과 부산에 노동자 공동숙박소 설치를 청원하였는데 2,000여 명이 참가하는 대성황을 이루었다. 이 운동은 1921년 9월 부산지역 노동자 총파업 투쟁의 한 배경이 되었다.

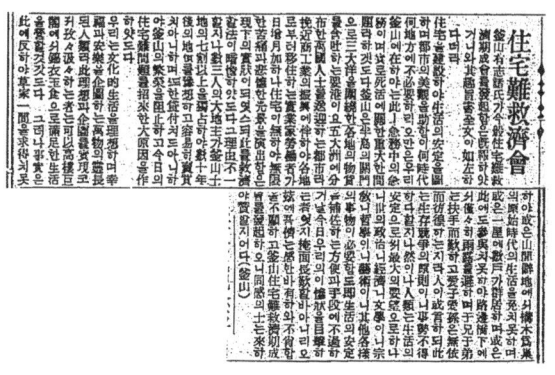

주택난구제기성회 취지서(『동아일보』 1921. 8. 8)

부산지역의 또 하나의 사회문제로 일본으로 취업을 위해 도항하려고 전국 각지에서 모여든 노동자 문제였다. 1924년 일자리를 찾기 위해 일본으로 건너가려는 한국인 노동자 약 4,000여 명이 여관이나 노상에서 주린 배를 움켜잡고 방황하고 일부에서는 이를 이용하여 노동자에게 금전을 갈취하는 사건이 빈번하게 발생하면서 사회문제로 대두되었다. 이에 민족주의 자본가 계열 인사들이 모여 부산청년회관에서 시민대회를 열고 '도항주선을 핑계로 노동자에게 부정한 금전이나 뇌물을 먹은 자에게 엄중한 취체를 하도록 당국에게 요구할 것, 한국인 노동자의 일본도항을 무제한 무간섭으로 개방할 것을 당국에 교섭할 것'을 결의하였다. 이 시민대회는 안희제·윤병호·김국태·윤상은 등 15인이 주도하였다. 이어 이들은 상경하여 조선총독부에 여행권 철폐를 요구하였다. 또한 일본에서는 관동대진재 복구로 인해 노동력을 필요로 하여 이후 한국인 노동자의 일본 도항문제는 쉬워졌다. 이러한 주택난 구제운동과 도항세 철폐운동은 주로 시민대회 형식으로 이루어졌는데 이러한 시민대회가 열릴 수 있었던 것은 기미육영회·부산예월회·부산청년회 등 기존의 문화운동 단체의 조직력이 바탕이 되었다.

그런데 1924년 도항노동자 문제로 인하여 자본가층 사이에 대립이 노출되었다. 안희제·김국태 등이 주도한 시민대회로 인하여 노동자에게 도항주선을 빌미로 금전을 갈취해오던 상애회나 노동공제회는 여론의 질타와 동시에 존립에 타격을 받게 됨으로써 폭력으로 대응하였다. 그 주동자는 김준석과 정상룡이었다. 김준석은 부산예월회 회원이며 1922년경 부산청년회 회장과 부산진구락부 간사장을 지낸 문화운동의 주도인물 가운데 한 사람이었고, 정상룡은 상애회 회장으로 동성상회 주주였다. 도항노동자 문제를 위한 시민대회를 주도한 안희제·김국태·이유석 등은 일제의 노동정책 뿐만 아니라 특히 노동자를 착취하는 어용 노동단체의 해악과 그에 기반을 둔 예속자본가의 비리를 폭로하였다. 따라서 노동자문제에 대한 태도는 자본가층의 입장을 달리하는 계기로 작용하였다. 이로 인하여 부산예월회나 부산청년회 등 단체 임원 또는 회원으로 활동하던 한국인 자본가층은 문화운동의 전개과정에서 그 경제적 기반의 차이에 따라 대응방식이 다를 수 밖에 없는 주택문제와 한국인 노동자 문제를 계기로 종래 문화운동이란 범주에 내재되어 있던 정치적 입장이 표면화되고 운동노선에서도 차별성을 드러내기 시작하였다.

1920년대 중반 사회주의 사상이 수용되면서 민족주의운동과 사회주의운동으로 민족주의운동도 타협파와 비타협파로 분화되었다. 부산지역에서도 민족자본 내의 타협파는 친일적, 반노동자적 성향을 드러내었고 일제의 친일파 육성책동에 부화내동한 친일파들은 근로대중과 노골적으로 대립하는 양상이었다. 한편, 안희제를 비롯한 비타협파는 한국인 노동자 도일(渡日) 저지 철폐와 1924년 상애회 박멸운동, 1925년 친일 주구 종교단체 보천교 박멸운동, 1926년 삼산병원 습격투쟁을 지도하고 지원함으로써 근로 대중과의 결합을 강화하였다. 그러다가 민족주의 좌파(비타협파)와 사회주의 진영은 1927년 2월 민족협동전선인 신간회(新幹會)를 결성하였다. 신간회는 '민족 유일당 민족협동전선'이라는 표어 아래 민족주의를 표방하고 민족주의 진영과 사회주의 진영이 제휴하여 창립한 민족운동단체이다. 안재홍(安在鴻)·이상재(李商在)·백관수(白寬洙)·신채호(申采浩)·신석우(申錫雨)·유억겸(兪億兼)·권동진(權東鎭) 등 34명이 발기하였다. 신간회의 정강정책(政綱政策)은 ① 조선민족의 정치적·경제적 해방의 실현, ② 전민족의 현실적 공동이익을 위하여 투쟁함, ③ 모든 기회주의 부인 등이었다. 초대 정·부회장에 이상재와 권동진이 각각 추대되었으며, 35명의 간사와 하부조직으로 총무·재무·출판·정치문화·조사연구·조직·선전 등 7개 부서를 두었다. 그러나 주요 직책을 민족주의 진영에서 주도하여 사회주의 진영의 불만을 샀다. 내부적으로 좌우익의 갈등은 있었지만, 신간회는 민족적·정치적·경제적 예속의 탈피, 언론·집회·결사·출판의 자유 쟁취, 청소년·여성의 평형운동 지원, 파벌주의·족보주의의 배격, 동양척식회사 반대, 근검절약운동 전개 등을 활동목표로 삼아 전국에 지회(支會)와 분회를 조직하며 세력을 확장해 나갔다. 1930년에는 전국에 140여 개의 지회와 3만 9000여 명의 회원을 확보하였으며, 일본에까지 조직된 각 지회를 중심으로 활동을 전개하였다. 일제의 『고등경찰요사(高等警察要史)』에는 '배일선인(排日鮮人) 가운데 저명한 인물은 거의 여기에 가입하였고…이들이 집회 등에서 하는 언동으로 보아 이 운동의 도달점은 조선의 독립에 있음을 알 수 있다.'라고 당시 신간회의 성격을 규정하고 있다. 신간회의 세력이 이렇게 성장하자, 일제의 탄압이 거세져서 대규모 집회를 열 수 없었다. 1929년 11월 광주학생운동이 일어나자 신간회는 진상조사단을 파견하고 일제에 대해 학생운동의 탄압을 엄중 항의했다. 또한 이를 계기로 독립운동을 지향한 민중대회를 열 것을 계획했다가, 조병옥(趙炳玉)·이관용(李灌鎔)·이원혁(李源赫) 등 주요 인사 44명이 체포되었다. 체포된 인사 가운데 조병옥 등 6명은 실형을 받았으며, 이로 인해 신간회의 뿌리가 흔들리게 되었다.

표면적으로는 좌우익 세력이 합작하여 만든 단체였지만, 민족주의 진영에게 주도권을 빼앗긴 데 대해 사회주의 진영의 불만이 높았다. 이들은 신간회의 주요 간부들이 투옥된 사이를 이용하여 해산운동을 벌였으며, 1931년 5월 조선중앙기독교청년회에서 대의원 77명이 참석한 가운데 해소를 결의함으로써 발족한 지 4년 만에 해산되었다. 안희제는 신간회 운동에는 직접 참여하지는 않았다. 그러나 안희제는 신간회가 결성된 상황에서 영남의 유림 지주들이 영남친목회를 조직하려 하자 신간회로의 민족 역량 결속을 방해하고 지역감정을 조장한다는 이유로 이를 저지하였다.

제3장

비밀결사단체를 결성하다

 대동청년단은 안희제·서상일·김동삼·남형우 등에 의해 1909년 10월경 조직된 비밀결사단체였다. 대동청년단은 1920년대 초기까지 활동하였으며 1945년까지 존속하였다. 철저한 비밀결사단체로 조직되어 조직경위나 조직한 지역은 명확하지 않다. 부산 동래에서 결성되어 점차 활동지역을 국내뿐만아니라 만주지역까지 활동범위를 넓혀간 것으로 보인다.

 대동청년단 명칭에 관해서는 자료에 따라 대동청년단 또는 대동청년당으로 다르게 나타난다. 대동청년단 단원으로 알려진 윤병호의 회고에는 대동청년단으로 기록되어있고 단규와 단원명단도 있다. 주요단원이었던 서성일의 회고에도 대동청년단으로 기록하였다. 1956년 애국동지원호회가 발간한 『한국독립운동사』에는 대동청년당이라는 항목으로 대동청년당원 신백우가 집필하였다. 그런데 신백우는 자필기록인 「고동지록(故同志錄)」에 자신과 교우관계였던 인물들을 열거하면서 대동청년단원이라고 기록하였다. 이후 '대동청년당'으로 되어있는 여러 자료가 있으나 명칭문제는 대동청년단이 맞다고 생각한다.

대동청년단에 관해서는 안희제와 교유하였고 대동청년단 단원이었으며, 백산상회(白山商會) 지배인을 지낸바 있는 '윤병호(尹炳浩) 회고(回顧)'를 통해서 대동청년단의 단규(團規)와 단원명단(團員名單)을 파악할 수 있으나 구체적인 활동은 밝혀지지 않고 있다. 대동청년단의 단규와 단원명단은 다음과 같다.

〈대동청년단 단규〉
1. 단원(團員)은 반드시 피로 맹세할 것.
2. 새단원(團員)의 가입은 단원(團員) 2명 이상의 추천을 받을 것.
3. 단명(團名)이나 단(團)에 관한 사항은 문자(文字)로 표시하지 말 것.
4. 경찰 기타 기관에 체포될 경우 그 사건은 본인(本人)에만 한하고 다른 단원(團員)에게 연루 시키지 말 것.

〈대동청년단 단원명단〉

〈단 장〉: 남형우

〈부단장〉: 안희제(2대 단장)

〈단 원〉: 서상일(徐相日)·윤현진(尹顯辰)·이호연(李浩然)

　　　　　장건상(張建相)·윤병호(尹炳浩)·이수영(李遂榮)

　　　　　이경희(李慶熙)·최병찬(崔炳贊)·윤경방(尹璟芳)

　　　　　차병철(車秉轍)·백광흠(白光欽)·이극로(李克魯)

　　　　　김 갑(金 甲)·박영모(朴永模)·윤상태(尹相泰)

　　　　　오상근(吳尙根)·김사용(金思容)·서세충(徐世忠)

　　　　　신백우(申伯雨)·박중화(朴重華)·윤세복(尹世復)

　　　　　신성모(申性模)·신팔균(申八均)·민 강(閔 檣)

　　　　　최윤동(崔胤東)·송전도(宋銓度)·김관제(金觀濟)

　　　　　최 완(崔 浣)·배천택(裵天澤)·신상태(申相泰)

　　　　　곽재기(郭在驥)·김홍권(金弘權)·이범영(李範英)

　　　　　이병립(李炳立)·박 광(朴 洸)·서 초(徐 超)

　　　　　김홍량(金鴻亮)·최인환(崔仁煥)·김동삼(金東三)

　　　　　김 삼(金 三)·고병남(高炳南)·김규환(金奎煥)

　　　　　김태희(金泰熙)·임 현(林 玄)·남백우(南百祐)

　　　　　김기수(金箕壽)·신채호(申采浩)·이시열(李時悅)

　　　　　고순흠(高順欽)·이학수(李學洙)·이우식(李祐植)

　　　　　김용환(金容煥)·이형재(李亨宰)

등 55명의 명단이 밝혀져 있다. 대동청년단 단규를 보면 단명이나 단에 관한 사항은 문자로 표시하지 말라는 내용으로 보아 대동청년단이 전형적인 비밀결사였음을 확실하게 알 수 있다. 대동청년단은 1920년대 중반 이후에는 활동이 침체하였다. 그러나 대동청년단이 서북지방을 조직기반으로 한 신민회(新民會), 경상도지방의 조선국권회복단과 대한광복회(大韓光復會), 호서·호남지방의 대한독립의군부(大韓獨立義軍府) 등의 단체들과는 달리 일제하 전시기에 걸쳐 노출되지 않고 지속적으로 활동한 점이 주목된다. 대동청년단이 조직된 1909년 10월은 이미 일제에 의해 한국병합이 기정 사실화된 시기였다. 1909년 7월 극비리에 '한국병합 실행에 관한 방침'을 성안하여 각의에서 통과시킨 뒤 오직 그 시기와 기회만을 기다리던 일본정부는 1909년 10월 26일 한국침략의 원흉 이등박문(伊藤博文)을 처단한 안중근(安重根) 의사 의거와 함께 병합을 위한 구체적인 실무 방안을 검토하고 있었다. 이와같은 상황에서 결성된 대동청년단은 신민회와 함께 초기 항일독립운동의 선구적인 독립운동 단체였다.

  대동청년단 단원들은 주로 17세부터 30세 미만의 청년 80여 명으로 조직되었다. 대동청년단 단원들은 영남지역 출신들이 대부분이고, 그 외 다른지역 출신들은 대체로 신민회 계열이다. 대동청년단 단원 명단을 살펴보면 초대단장은 남형우, 부단장은 안희제(2대 단장) 외 김동삼·신채호·윤세복·신팔균·이극로·곽재기 등이 주목된다.

대동청년단 초대단장 남형우는 경북 고령출신으로 30세가 되던 해인 1903년 상경하여 1908년 보성중학에 입학, 보성전문학교를 졸업한 후 1911년~1917년까지 모교인 보성전문학교에서 법률학 교수로 재직하였으며, 보성중학 입학과 함께 1908년 교남교육회에 가입하여 평의원과 시찰위원으로 활동하였으며, 1915년에는 조선국권회복단에 가입한 후 조선국권회복단 대표로 김응섭(金應燮)과 함께 상해로 망명하여 1919년 4월 대한민국임시정부 수립에 참여하여 초대 법무차장, 법무총장, 교통총장 등을 역임하였다. 1922년에는 친일파 처단과 군자금 모금을 위해 다물단(多勿團)을 조직하여 활동하였다.

서상일은 대구에서 달성학교를 졸업한 후 1907년 보성전문학교 법학과에 입학하여 1909년 졸업하였다. 그는 보성전문학교 재학중 1908년 9월 5일 결성된 달성친목회(達成親睦會)에 참여하였으며, 1909년 10월에는 교남교육회에 가입하여 활동하였다. 1909년 10월은 대동청년단이 결성된 해이기도 하다. 그 후 신민회사건으로 안희제와 같이 만주로 망명하였다. 달성친목회는 대구를 중심으로 경상도 지역의 청년지사들이 망라된 단체로 '조선인 청년의 교육·실업장려'를 목적으로 설립하였다. 달성친목회에 참여한 인사들은 대부분 대구의 달성학교 졸업생이거나 서울에서 신식교육을 받고 고향으로 돌아온 청년지식인들로 교육이나 상업활동에 종사하면서 국권회복운동을 전개하였다.

대동청년단이 영남지역 인사들이 중심이 되어 조직된 점은 1907년에 조직된 신민회 조직이 영남지역에 크게 미치지 못한 점을 감안하여 신민회계열의 영남지역 인사들이 중심이 되어 항일민족의식 결집을 공고하게 하기 위하여 결성한 것으로 보인다. 대동청년단 단원으로 신민회에 참여한 인사로는 남형우·김동삼·김홍량·박중화·신백우·신채호·이경희·상호 등이고, 교남교육회 회원으로 대동청년단에 참여한 인사는 안희제·남형우·서상일·최병찬·김사용·박중화·이우식 등이다. 또한 보성학교 출신으로 대동청년단에 참여한 인물로는 남형우·서상일·신백우·신성모·김동삼 등이다. 이들 인물들은 주로 재경 영남인사들 중에서도 근대적인 교육을 통해 국권회복 의지가 강한 소장층이었다. 대동청년단은 결성이후 단원이 꾸준히 늘어갔다. 그중에서 신민회사건 당시 일경에 체포되지 않은 차병철·서초·김홍량·김삼·김태희·임현 등이 대동청년단에 가입하였고, 안희제와 서상일이 만주·노령지역에서 만나 권유를 받아 가입한 인사로는 최병찬·윤세복·

이시열 등이 있다. 이들은 대부분 1914년 이전에 대동청년단에 가입한 단원들이다.

1909년 결성된 대동청년단은 1913년 이후 본격적인 국내 활동을 전개한다. 만주·노령지역을 둘러보고 귀국한 안희제와 서상일은 국권회복운동을 전개함에 있어 대동청년단이 국내외를 연결하는 국내거점으로의 역할을 하기로 방향을 설정하고 본격적인 활동을 전개하였다. 1914년 안희제는 이미 활동기반을 구축하고 있던 부산에 백산상회를 설립하였고, 서상일은 1913년 달성친목회를 재건하고 태궁상회를 설립하여 이를 거점으로 1915년 조선국권회복단을 결성하였다. 백산상회와 조선국권회복단이 대동청년단의 중추기관이었다. 대동청년단 단원으로 조선국권회복단 가입한 인사로는 윤상태·신상태·신성모·박광 등이며, 백산상회 임원으로 가입한 인사는 윤현진·이호연·윤병호·최완 등이다. 그 외 1919년 조직된 기미육영회가 파견한 유학생으로 이극로·신성모 등은 1920년대에 가입한 것으로 보인다. 대동청년단 단원으로 뒤에 백산상회에 관계하는 인물로는 서상일·윤현진·이호연·윤병호·이수영·윤상태·최완·이우식 등이 있고, 1919년 4월 13일 상해에서 대한민국임시정부가 수립되자 남형우는 초대 법무차장, 윤현진은 초대 재무차장으로 참여하였고 최완은 내무부에서 활약하였다.

대동청년단 단원들은 대부분 신민회·교남교육회·달성친목회·조선국권회복단·백산상회 등 계몽운동이나 국권회복운동 단체에서 활동하였고 근대적인 교육을 받은 청년지사들과 선각적인 의식을 가지고 현실에 참여한 지식인들이다. 1910년대 일부 단원들은 해외로 망명하여 항일독립운동 진영에 합류하였으나 대부분은 국내에서 활동하였다. 1919년 3·1운동 이후에는 대한민국임시정부·만주지역 독립군 단체와 의열단 등에서 활동하였다. 그중 일부는 사회주의 사상을 수용하여 1919년 7월의 조선노동문제연구회를 조직하고 1920년에는 조선노동공제회(朝鮮勞動共濟會)에 참여하여 활동하기도 하였다.

대동청년단 단원들은 비교적 잘 알려져 있는 인물들로 구성되어 있는데 현재까지 파악된 55명의 연령·출신지·주요 경력과 활동사항은 다음표와 같다. 참고로 연령은 대동청년단 결성당시인 1909년을 기준으로 하였다.

〈대동청년단 단원〉

성명	연령	출신지역	출신학교	직업	활동사항
남형우	36	고령	보성	교사	교남교육회 · 달성친목회 · 조선국권회복단 · 조선식산장려계 · 신민회 · 임시정부 법무차장

성명	연령	출신지역	출신학교	직업	활동사항
안희제	26	의령	양정의숙	상업	교남교육회 · 달성친목회 · 조선국권회복단 · 백산상회 설립 · 기미육영회 조직 · 자력사 조직 · 중외일보 사장 · 발해농장 경영
서상일	22	대구	보성전문	상업	교남교육회 · 달성친목회 · 조선국권회복단 · 태평양회의 독립청원서 서명 · 흑우회 · 대구상공협회 · 백산상회 주주
윤현진	17	양산	명치대학	교사	백산상회 전무 · 경남은행 마산지점장 · 3 · 1운동(마산) · 임정 초대 재무차장
이호연				상업	해천상회 경영
장건상	26	칠곡	조도전대		동제사 · 극동인민대표대회 한국대표단 · 코민테른 고려국 고문
윤병호	21	동래	조도전대	상업	보성전문 졸업 · 백산무역주식회사 지배인 · 기미육영회 · 조선어학회사건
이수영	22	서울		여관업	의열단 · 조선노동공제회 조비조합 전무이사
이경희	30	대구		부호	신민회 · 의열단 · 황옥사건 · 신간회 대구지회장
최병찬		의령			교남교육회 ·『독립순보』발간(블라디보스톡)
윤경방		동래			블라디보스톡 망명
차병철		함북			
백광흠		동래			조선노동연맹회 중앙위원 · 조선공산당 입당
이극로		의령			기미육영회 파견 유학생(독일) · 반제동맹대회 조선대표 · 조선어연구회 · 조선어학회사건
김갑 (김진원)	19	부산	동명학교		임시정부 의정원 경상도대표의원 · 국무원 차장 · 교통부 위원 · 북경군사통일회의
박영모	22	합천	서당	제지업	달성친목회 · 조선국권회복단 교통부장
윤상태		김해	한학	군수	거제군수, 조선국권회복단 · 태궁상회 · 향산상회 경영, 일신학교 설립

성명	연령	출신지역	출신학교	직업	활동사항
오상근					3·1운동 기독교계 대표
김사용	29	상주	휘문의숙		상산중학 설립·교남교육회·조선국권회복단·3·1운동 참여·의열단
서세충	21	고양	한성학교		주비단사건·신간회
신백우	22	청원	보성	성균관	신민회·경성청년학우회·대동청년단·대종교·서로군정서·신흥무관학교·노동공제회·화요회·무산자동맹·서울청년회·노동총동맹
박중화		경주			보성학교 교장·청년학우회·신민회·조선국권회복단·대동청년단·조선노동공제회
윤세복	26	밀양	한학	교사	밀양 신창학교·대구협성학교 교사·환인현 동창학교, 홍범도 포수단·무오독립선언·흥업단·대종교 3세 교주
신성모	19	의령	보성	선장	남경 항해대학·런던 항해대학 졸업·영국 선박 선장·북경군사통일주비회
신팔균	28	서울	무관학교	군인	육군무관학교 졸업·진천 이월청년학교 설립·무오독립선언·서로군정서·신흥무관학교·통의부
민강	25	청주			대동단사건·상해 교민단의사회 학무위원
최윤동	15	대구			서로군정서·북경군사통일회의·의열단·조선은행 대구지점 폭파사건
송전도	19	동래	동경 물리학교		조선광문회·통주 협화대학 입학·동제사
김관제		대구		교사	동창학교·일신학교 설립
최완		경주			임시정부 재무부위원
배천택		대구			부민단·서로군정서·국민대표회의·정의부·민족유일당독립촉성회·신한독립당 창당·조선민족혁명당

성명	연령	출신지역	출신학교	직업	활동사항
신상태	21	칠곡	보성전문	상업	조선국권회복단 · 신간회 김천지회
곽재기	17	청주	경신학교	교사	의열단 · 밀양경찰서투탄의거
김홍권					
이범영	19	포천			
이병립					
박광		고령			안동현 간성덕 경영 · 임시정부 군자금 모금
서초		청주			
김홍량	25	안악			해서교육총회 · 양산학교 설립 · 신민회 · 안명근사건 · 동아일보 안악지국 · 안악고등보통학교 설립
최인환					임시정부 연통제
김동삼	32	안동	보성전문	교사	신민회 · 협동학교 · 경학사 · 신흥강습소 · 부민단 · 백서농장 · 무오독립선언 · 서로군정서 · 통군부 · 신흥학우단 · 북경국민대표회의 · 정의부 · 민족유일당촉성회
김삼		청주			
고병남					
김규환					동창학교 · 일신학교 설립
김태희	29	청주			임시정부 연통제 · 국민회 충북지회 조직 · 청주청년회 조직 · 조선청년연합회
임현	23	안주			신민회, 임시정부 임시의정원 · 교통부
남백우					조선청년연합회 중앙집행위원
김기수		순천			천도교 · 3 · 1운동
신채호	30	대덕	한학		황성신문 · 대한매일신보 주필 · 신민회, 대한독립청년단 조직 · 임시정부 임시의정원 의장
이시열	17	평북			동창학교 설립 · 한족회 창립 · 한족신보 주필 · 서로군정서 · 광한단 단장 · 국민부 · 조선혁명당

성명	연령	출신지역	출신학교	직업	활동사항
고순흠		제주			임시정부 포고문·격문 국내배포·조선노동공제회 발기
이우식	19	의령	동양대학	상업	대동청년단·3·1운동(의령)·백산무역주식회사·경남은행장·중외일보·조선어사전 편찬 비밀후원회 조직·조선양사원·조선어학회사건
이학수					
김용환					
이형재					

※ 출전: 국가보훈처, 『독립유공자공훈록』 1; 김후경, 『대한민국독립운동공훈사』; 이강훈, 『독립운동사대사전』; 국사편찬위원회, 『독립운동사자료집(의열투쟁사)』 11; 국사편찬위원회, 『독립운동사자료집(대중투쟁사)』 14; 권대웅, 『1910년대 국내독립운동(한국독립운동의역사 15)』, 독립기념관 한국독립운동사연구소, 2008.

대동청년단의 독립운동 방략은 국내에서의 비밀결사활동에 역점을 두고 인재양성과 독립운동자금 조달, 국내외 독립운동 세력과의 연락망 구축에 주력하였다. 대동청년단은 기미육영회와 백산상회 등과 연계하여 활동을 전개하다가 단원들이 독립운동 사건에 연루되기도 하였으나 일경에 발각되지 않고 1945년까지 명맥을 이어갔다.

1910년대 부산 경남지역 비밀결사단체 활동은 주도층으로 볼 때 학생층과 자본가층으로 구분할 수 있다. 학생 비밀결사단체로는 1910년 경술국치 소식을 듣고 부산상업학교 학생 변상태(卞相泰)·최기택(崔基澤)·성학연(成學年) 등 6인이 결성한 대붕회(大鵬會)가 있다. 이어 1915년 부산상업학교 재학생

오택(吳澤)과 박재혁(朴載赫)·박흥규(朴興奎)·김인태(金仁泰) 등 10여 명이 중심이 되어 구세단(救世團)이란 비밀결사 단체를 조직하고 활동하였다. 의열단 단장 김원봉(金元鳳)도 이후 구세단에 가입하여 선전을 맡았고, 출판은 박흥규, 재정은 김인태와 오택이 담당하였다. 월간잡지를 기관지로 발간하여 경남 각지의 동지들을 규합하여 독립정신을 고취하고 수양강좌와 실천운동을 전개하였다. 그러나 구세단은 6개월 만에 일경에 발각되어 단원들이 검거되고 말았다.

당시 이지역의 자본가층이 중심이 되어 전개한 비밀결사단체 활동은 부산지역을 단위로 전개되었다기 보다는 대개 경북과 경남지역의 연대조직에 부산지역 인사들이 참여하고 연계하여 활동하였다. 또한 부산지역에서 활동하는 인사들은 대개 부산출신들이 아니라 인근의 동래·양산·마산·창원·의령·청도 등지의 지주들이 부산이 상업의 중심지로 성장하면서 무역업에 진출한 이들이다. 부산지역 자본가층이 참여한 대표적인 비밀결사단체가 대동청년단이다. 대동청년단은 1909년 10월경 주로 경상남북도의 계몽운동에 참여한 지식인 청년 80여 명으로 결성되었다. 결성초기에는 주로 학생들이 많았으나 이후 민족산업진흥운동을 주도하는 세력으로 성장하였다. 대동청년단 단원들은 결성당시에는 독자적

세력을 구축한 것은 아니었고 1910년대 중후반 이후 경제활동을 전개하면서 주로 무역업에 진출하였다. 특히 백산무역주식회사에 다수가 참여하는 것으로 보아 백산무역주식회사 주주 모집시 대동청년단 인맥을 대상으로 하였다. 백산무역주식회사는 대동청년단의 거점으로 활용되었다.

부산지역 자본가층이 참여한 또 하나의 비밀결사단체로 1915년 결성된 조선국권회복단이 있다. 조선국권회복단은 대구를 중심으로한 경북지역 인사들이 중심이 되어 조직하고 일부 경남지역 인사들이 참여하였다. 조선국권회복단의 인적구성을 보면 50여 명의 단원들을 출신지별로 보면 대구 18명, 성주 3명, 고령 2명, 경주 2명, 청도 3명, 왜관 1명 등으로 구성되어 있다. 그후 조선국권회복단 조직이 확대되면서 밀양·동래 등지의 인사들도 일정한 연계를 가진 것으로 보인다. 부산지역에서 활동하던 인사들 중에서 조선국권회복단과 연계하여 활동한 인물은 동래 이조원(李祖遠)·정인찬(鄭寅贊), 양산 윤현태(尹顯泰), 의령 안희제, 청도 최태욱(崔泰旭)·최태석(崔泰錫), 밀양 손영순(孫永詢) 등이다.

⟨부산·경남지역 대동청년단 단원 명단⟩

성명(연령)	출신지	경제활동	관련 독립운동단체 및 활동
안희제(25)	의령	백산상회 · 조선주조주식회사	교남교육회 · 기미육영회 · 예월회
윤병호(21)	남해	백산상회	기미육영회
윤현진(17)	양산		임시정부 재무차장
김갑(19)	부산	고려상회	임시의정원 경상도대표위원
윤상태	달성	향산상회 · 백산상회	
이우식(19)	의령	백산상회 · 경남은행	교남교육회 · 조선어학회사건
최완	경주	백산무역주식회사	임시정부 재무위원
이극로	의령	기미육영회 파견유학생	반제동맹대회조선대표 조선어학회사건
송전도(19)	동래		중국망명(1914) · 동제사
백광흠	동래		조선노동연맹 · 조선공산당
신성모(19)	의령	기미육영회 파견유학생	중국망명(1913) 북경군사통일주비회

※ 괄호안 연령은 1909년 대동청년단 결성당시 나이임.

대동청년단 단원들은 1910년대에는 대부분 국내에서 활동하였으나, 1919년 3·1운동을 계기로 국외로 망명하여 상해 대한민국임시정부나 만주지역 독립운동 단체에서 중요한 역할을 수행한다. 또한 1920년대 의열단 단원으로 의열투쟁에 투신하거나 국내에서 사회주의 운동을 주도한 인물도 있었다. 특히 박중화는 1920년대 조선노동공제회에 참여하여 회장으로 활동하면서 대동청년단과 조선국권회복단에서 같이 활동하던 안확·이형제·박영모·김사용·이수영·남백우·고순흠·오상근·최완·백광흠 등과 함께 초기 사회주의운동에서 중요한 역할을 하였다. 대동청년단 단원들은 1920년대 이후에도 연계하여 적극적이고 다양한 국권회복운동을 전개하고 있음을 보여준다.

대동청년단의 활동 목표중 또하나는 효과적인 독립운동을 수행하기 위한 인적자원을 위한 인재양성이었다. 대동청년단 단원들이 설립한 학교 현황은 다음표와 같다.

〈대동청년단 단원 설립 학교 현황〉

학교명	설립자	설립연도	설립지역	교육과정	비고
산동학교	신채호	1904	청주	소학교	신백우
구명학교	윤상은	1906	동래	소학교	안희제 · 김사용 · 정운기
협동학교	김동삼	1907	안동	소학교	유인식
의신학교	안희제	1907	의령	소학교	
상산중학	상주유림	1907	상주	중학교	김사용 · 조필연
병남학교	안희제	1908	의령	소학교	
양산학교	김홍량	1909	안악	중학교	신민회
일신학교	윤상태	1911	고령	소학교	
동창학교	윤세복 등	1911	만주	소학교	김관제 · 이시열
흥동학교	김규환	1915	만주	소학교	김광제 · 이시열
덕산학교	윤상태	1920	달성	소학교	
교남학교	홍주일 등	1921	대구	중학교	김영서 · 정운일
발해 보통학교	안희제	1936	만주	소학교	

위 도표에는 대동청년단 결성 이전에 설립한 학교 2개교

도 포함되어 있다. 대동청년단 단원들이 설립한 학교중에는 김동삼의 협동학교, 안희제의 의신학교·병남학교·발해보통학교, 윤상은의 구포구명학교, 상주유림들이 설립한 상산중학 등의 학교가 주목된다. 일제의 한국강점이 구체화 되고 국운이 기울어 가자 무엇보다도 교육구국운동의 중요성을 인식하였다. 대동청년단 단원들은 비밀결사단체 활동을 통한 국권회복운동과 아울러 신식학교를 설립하여 국민들을 계몽하여 자주 독립사상을 고취하고 민족교육을 강화하고자 하였다.

제4장

국내독립운동기지 백산상회를 설립하다

먼저 백산상회 설립배경부터 살펴보기로 하자. 1910년 일제의 한국강점으로 국내에서의 독립운동이 어렵게 되자 안희제는 1911년 중국으로 망명하여 북간도와 연해주를 거쳐 러시아 각지를 둘러보고 블라디보스토크에 정착하였다. 안희제는 신채호·김동삼·이동휘(李東輝)·안창호(安昌浩)·이갑(李甲) 등 독립운동 지도자들을 만나 국권회복을 위한 방략을 논의하고, 같은 고향의 동지인 최병찬(崔秉瓚)과 함께 『독립순보(獨立旬報)』를 간행하였다. 그러나 아쉽게도 『독립순보』는 현재 전해지지 않고 있다.

안희제는 약 3년간에 걸친 중국과 러시아 망명을 마치고 1914년 9월 귀국하였다. 안희제의 1차 망명기간인 1911년부

이갑이 안창호에게 보낸 편지(1912. 1. 29; 독립기념관 소장)
안희제가 러시아 페테르스부르크에 도착하였음을 알 수 있다.

터 1914년까지는 중국에서 신해혁명(辛亥革命)(1911)이 일어나 중국으로 망명한 독립운동가들은 신해혁명을 통해 큰 자극을 받게 되었고, 1914년 제1차 세계대전으로 국제정세가 급변하자 이를 조국 광복의 기회로 삼고자 하였다. 이러한 상황이 국내에 전해지자 국외의 독립운동지도자들은 국내와의 연락이 빈번하였다. 국외에서의 항일투쟁과 독립운동기지 건설을 위해서는 국내의 비밀연락망과 독립운동자금 조달이 절실하였기 때문이다. 안희제는 국외 독립운동 지도자들과 독립운동 방략을 협의한 결과 국내독립운동기지를 구축하고 국외 독립운동단체에 독립운동 자금을 조달하는 현실적으로 가장 절실하고 어려운 역할을 맡기로 하였다. 1914년 중국에서 귀국한 안희제는 고향인 의령에서 1915년까지 제지업에 종사하다가 1916년경 백산상회를 설립하였다. 백사상회 설립연도에 관해서는 1914년 9월, 1915년경, 1916년경 등 세 가지 설이 있다. 1914년은 안희제가 귀국한 해이고 귀국 후 1915년까지 의령에서 제지업을 한 것으로 보아 백산상회 설립시기는 1916년경이 타당한 것으로 보인다. 안희제는 국외에서 전개되는 독립운동을 지원하기 위한 국내 연락망과 독립운동 자금 조달을 위한 독립운동기지로 백산상회를 설립하기로 하였다. 이를 위해 안희제는 고향의 소유 전답 2,000두락을 팔아서 자본금을 마련하고 부산지역의 상업인 이유석(李有石)·추한식(秋翰植) 등을 영입하여 백산상회를 설립하였다. 상회의 명칭은 그의 호(號) '백산(白山)'에서 땄다. 백산상회는 설립 초기에는 주로 곡물·면포·해산물 등을 판매하는 소규모 개인

백상상회터(백산상회 건물이 있던 자리에 현재 프라임 원룸이 들어서 있다)

상회였다.

개인상회로 설립한 백산상회는 설립 직후 1917년의 호황으로 합자회사로 전환하였다. 합자회사 백산상회는 안희제·윤현태·최준이 1918년 11월 주식회사 설립허가를 신청하여 1919년 1월 14일 설립인가를 받고 1919년 5월 설립하였다. 1918년 안희제·최준(崔俊)·윤현태(尹顯泰)·최완(崔浣)·김용조(金容祚)·정순모(鄭舜模)·성태영(成泰永)·이정화(李楨和)·유덕섭(柳德燮)·안담(安湛)·허걸(許杰) 등 11명이 자본금 14만원으로 합자회사로 하여 3만 5천원을 불입하여 경영하였다. 합자회사 백산상회의 광고를 보면, 중역은 본사대표 무한책임사원은 윤현태이고 안희제·최준 2인은 무한책임사원으로 되어 있다. 영업내용은 해산물(海産物)과 육산물(陸産物) 구매 및 위탁판매를 하고 회사위치는 부산부 본정 삼정목(부산부 본정 삼정목釜山府 本町 三丁目〈현재 부산광역시 중구 동광동 3가 10-2번지〉)으로 되어있다.

백상상회 인장

이후 합자회사 백산상회로 확대개편하고 안희제·윤현태·최준 등이 1918년 11월 주식회사 설립허가를 신청하여 1919년 1월 14일 설립인가를 받았다. 이어 2월 17일 발기인 총회를 개최하고 1919년 5월 백산무역주식회사를 설립하였다. 백산무역주식회사 발기인은 안희제·최준·윤현태 3인이고 자본금은 100만원이다. 1919년 5월 28일에는 백산무역주식회사 제1회 주주총회를 개최하였는데 출석주주는 40인이었다. 출석주주 40인의 명단은 파악하기는 어려우나 항일적인 성향을 지닌 영남지역 자산가들이 대다수 주주로 참여하고 있다. 제1회 주주총회에서 임원진으로 취체역: 윤현태·최준·조동옥(趙東玉)·안희제·정재원(鄭載源)·이종화(李鐘和)·윤병호·허걸·이우석(李愚奭), 감사역: 윤상은·문영빈(文永斌)·김상익(金相翊) 등이 선출되었다. 1919년 6월 9일에는 중역회의를 개최하여 임원을 선거하였는데 사장: 최준, 전무취체역: 윤현태, 취체역: 안희제·조동옥·정재원·이종화·윤병호·허걸·이우석, 감사역: 문영빈·김상원(金翔源)이 선출되었다. 당시 주주명단은 다음과 같다.

백산무역주식회사 주주명단(1919년 6월)

성 명	주 수	주 소
최 준	2,000주	경북 경주군 경주면 교리 69
안희제	2,000주	부산부 초량동 659
윤현태	2,000주	경남 양산군 양산면 북부동 358
이종화	1,500주	경남 울산군 하상면 동리 729
윤상태	1,000주	경북 달성군 월배면 상인리 909
안익상	1,000주	경남 의령군 부림면 입산리 37

성 명	주 수	주 소
최선호	1,000주	경남 산청군 단성면 남사리 38
조동옥	1,000주	경남 함안군 함안면 봉성리 804
허 걸	700주	경남 동래군 구포면 화명리 1134
김홍석	700주	경남 의령군 의령면 서동 349
이우석	700주	경북 선산군 선산면 완전동 134
이우식	600주	경남 의령군 의령면 동동 1053
윤병호	500주	경남 남해군 운천면 문의리 86
김용조	500주	경남 동래군 동래면 원리 923
정재완	500주	경남 하동군 금양면 대치리 658
김상원	500주	경남 하동군 하동면 읍내리 847
권오봉	500주	경남 창원군 진전면 오서리 554
김재필	500주	경남 동래군 철마면 매곡리 25
김기태	500주	경남 진주군 내동면 독산리 598
이현보	500주	경남 거창군 거창면 하동 172
문영빈	500주	경남 하동군 북천면 직전리 1191
주기원	500주	경남 창원군 태면 서북부리 511
남형우	300주	경성부 가회동 125
강정희	100주	경남 의령군 의령면 무전리 925
정재원	100주	충남 천안군 천안면 읍내리 100
허만정	100주	경남 진주군 지수면 승내리 355
윤상은	50주	부산부 영주동 26의 1
김시구	50주	부산부 매립신정 33
지영진	50주	부산부 본정 4정목 일광상회
최태욱	30주	부산부 본정 4정목 11
홍종희	10주	함남 문천군 군내면 옥평리 58
전석준	10주	경남 양산군 양산면 중부동 289

※출처: 국사편찬위원회, 「한민족독립운동사자료집」 8 ; 이동언, 「백산 안희제연구」, 「한국독립운동사연구」 제8집, 독립기념관 한국독립운동사연구소, 1994.

백산무역주식회사 주주명단을 보면 합자회사 백산상회가 백산무역주식회사로 확대 개편됨에 있어서는 영남의 대지주 자본의 적극적인 참여에 의해서 가능하였던 것이다. 조선국권회복단 재판기록을 보면 백산무역주식회사 중역 및 주주들이 대다수 관련되어 조사를 받는데 안희제는 1919년 8월 5일 부산지방법원에서 증인으로 신문을 받게 된다. 또한 관련자 신문중에는 백산상회가 남형우에게 수만원의 독립운동 자금을 건네주어 상해 대한민국임시정부로 파견한 점을 계속 추궁하고 있다. 남형우는 백산상회에 상업견습을 위해 온 것으로 위장하고 부산부(釜山府) 영주동(瀛州洞) 대성여관(大成旅館)에 투숙하여 조선국권회복단 부산지역 연락망을 조직하였다. 안희제 등 백산상회 관계자들은 대다수 조선국권회복단 단원으로 활동하였으며 독립운동 자금을 조달한 것으로 보인다. 그리하여 소위 조선국권회복단 사건 〈일명 안일암사건(安逸庵事件)〉이후 백산상회는 일본경찰에 지목되고 있었다.

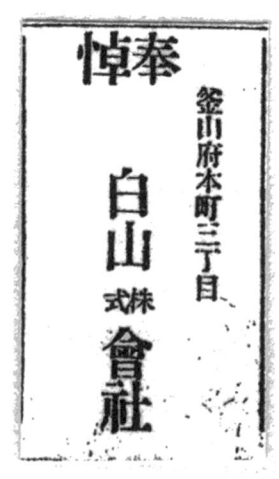

백산주식회사 광무황제 국장을 애도봉도 광고(1919. 3. 4)

백산무역주식회사는 1919년 7월 1일 영업을 개시하였는데『매일신보』광고를 보면, 발기인 총회를 개최한 1919년 2월 17일부터 무역상 백산회사로 되어 있고, 광무황제 국장(國葬)을 애도하는 봉도(奉悼)광고가 게재되는 1919년 3월 4일자 광고에는 백산무역주식회사로 되어 있는 것으로 보아 1919년 2월말 경 백산무역주식회사가 발기인 총회를 거쳐 체계화되는 것 같다. 또한『매일신보』에 게재된 백산무역주식회사 광고를 살펴보면, 부산상업 안내란에 1919년 2월 17일 이후 1919년 11월 30일까지는 계속해서 백산무역주식회사 광고가 게재되는데 1920년부터는 광고가 게재되지 않는 점으로 보아 백산무역주식회사는 1919년 1월 14일 설립인가를 받아 1919년 말까지 활발한 영업을 한 것으로 보인다. 백산무역주식회사가 설립인가를 받는 1919년 1월부터 같은해 7월경까지 허가를 받아 설립된 회사수는 23개 회사에 자본금은 900만원에 달하였다. 참고로 당시 허가된 주식회사는 다음과 같다.

상호	자본금	본점소재지	신청자
*조선제철	2만원	전라북도	전중광정(田中光政)
백산무역	100만원	부산	최 준(崔 浚)
*충청흥업	2만원	충청북도	조중응(趙重應)
*조선인삼	2만원	경성	조병만(趙秉滿)

상호	자본금	본점소재지	신청자
*부토제과	25만원	경성	일뢰실(一瀨實)
*충북식산	10만원	충청북도	정운필(鄭雲弼)
조선상사	50만원	경성	고윤묵(高允黙)
함북사	2만원	함경북도	최원섭(崔元燮)
제주물산	2만원	목포	현기봉(玄基奉)
대동무역	50만원	대구	정재학(鄭在學)
목포창고	3만원	목포	현기봉
*군산흥농	10만원	군산	삼본시오랑(杉本市五郞)
조선주조	10만원	부산	안희제(安熙濟)
*강경수산	5만원	충청남도	길전매태랑(吉田梅太郞)
*조선소주	50만원	평양	제등구태랑(齊藤久太郞)
*동양흥산	2만원	경성	이희재(李禧宰)
경성방직	100만원	경성	박영효(朴泳孝)
신의주무역	50만원	신의주	다전영길(多田榮吉)
남선무역	3만원	전라남도	이석래(李奭來)
진천산업	5만원	충청북도	이준홍(李俊泓)

(* 표시는 일본인과 한국인 합자회사임)
※ 출처 :「매일신보」1919년 8월 1일자 ; 이동언, 「백산 안희제연구」, 『한국독립운동사연구』제8집, 독립기념관 한국독립운동사연구소, 1994.

 안희제는 1919년 7월 1일 백산무역주식회사가 영업을 개시한 후 또 하나의 주식회사를 설립하여 운영하였는데 1919년 8월에 설립한 조선주조주식회사(朝鮮酒造株式會社)이다. 조선주조주식회사의 대표는 안희제이고 자본금은 10만원, 본점소재지는 부산부(釜山府) 수정정(水晶町)이었다. 조선주조주식회사는 1930년대 초반까지 운영되었다. 1919년 8월 14일자에는 "부산 실업계를 이만큼 이루어 놓은것은 경남은행의 지배인 문상우 씨와 백산상회 취체역 안희제 씨의 진력에 빚진 바 많다" 평가하였다. 안희제는 일제시기 대표적인 민족자본가로 손꼽히는 인물이었다.

또한 부산지역의 대표적인 한국인공장으로 1916년에 설립된 경남인쇄주식회사의 경우 설립주체는 최대주주가 회사법인 백산무역주식회사 117주, 백산상회 91주, 그 외 백산무역주식회사 주주인 허발·전석준·윤현태·김용조 등이었다. 경남인쇄주식회사는 백산무역주식회사 설립을 주도한 인물들이다. 합자회사 백산상회와 백산무역주식회사가 법인자격으로 경남인쇄주식회사 설립을 주도한 점이 특이하다. 이는 백산상회를 주도한 안희제·최준·윤현태 등이 문화운동에 적극적으로 참여하면서 인쇄공장의 필요성을 인식하고 경남인쇄주식회사를 설립한 것으로 보인다.

1920년 9월에는 백산무역주식회사 임원을 개선하게 되는데 사장에는 최준, 전무취체역에는 최태욱(崔泰旭), 취체역에는 김기태(金琪邰)·이우식(李祐植), 감사역: 박해○(朴海○)·장진달(張鎭達)·김종엽(金鐘燁) 등이 선출되었는데 안희제의 이름은 나타나지 않는다. 1921년에 간행한 『조선은행·회사요록(朝鮮銀行·會社要錄)』을 보면 백산무역주식회사의 경영진 및 주주의 구성은 다음과 같다.

취체역사장	최준
상무취체역	최태욱
취체역	윤현태 · 안희제 · 강복순(姜復淳)
지배인	최준
감사역	전석준 · 김시구

〈주주구성〉 총주수 20,000주   총주주수 182명

대주주 안희제 2,560주	최 준 1,800주
안익상 580주	정상환 640주
이우석 600주	이종화 560주
허 걸 550주	정재완 500주
정재원 500주	윤현태 400주
그외 군소주주 172주 11,040주	

 이상의 주주 중에서 대표적인 인물들에 대하여 살펴보면, 사장 최준은 경주의 대지주로 고려요업주식회사(高麗窯業株式會社)·대동무역회사(大東貿易會社)를 설립하여 운영하였고, 경남은행(慶南銀行)·경성방직(京城紡織) 주주로도 참가하였고『동아일보』창립 발기에도 참여하였다. 취체역 윤현태는 부친이 구포의 대지주로 동래부사 겸 감리와 경상우도관찰사를 지낸 윤필은(尹弼殷)이며, 조부는 동래부사·사천군수를 지낸 윤

홍석(尹洪錫)이고, 구포저축회사·구포은행 설립을 주도한 윤상은이 숙부라는 점과 여러 사업을 동시에 벌인 자금 동원력으로 보아 상당한 재력을 가진 대지주였다. 윤상은은 1887년 구포에서 태어나 동래부사·경상우도관찰사·비서승 등의 관직을 지냈으며 한말의 선각자로 우리나라 철도 건설에 기여한 박기종(朴琪淙)의 사위이다. 1912년 6월에는 우리나라 최초의 지방은행인 구포은행을 창설하였으며 조선철도주식회사·경성방직주식회사 등 민족기업 설립에 전력하였다. 특히 안희제와 친교가 있어 함께 구포구명학교를 설립하고 구포저축주식회사(구포은행 전신)에서도 같이 활동하였고, 백산상회에 설립과 운영에 절대적인 기여를 하였다. 윤현태는 경상합동은행(慶尙合同銀行)의 감사역을 역임하였으며 『동아일보』 창립 발기인 중의 1인이기도 하다. 또한 윤현태는 1919년경 일금상회(一金商會)를 경영하면서 1920년초 고향인 양산에서 주식회사 의춘상행(宜春商行)을 경영하였다. 감사역 전석준은 양산의 대지주 엄주원(嚴柱元)의 매부(妹夫)로 엄주원의 재력을 배경으로 실업계에 진출하여 구포은행(龜浦銀行) 취체역을 지냈다. 그 외에도 백산무역주식회사 중역 및 주주들 중에서 대다수는 영남지방 지주였는데 이들이 백산무역주식회사에 관계하게 된 것은 윤상은의 절대적인 협력에 의한 것이었다.

1921년 8월 일시 경제계의 타격으로 백산무역주식회사가 자금난으로 경영위기를 맡게 되었으나 사장 최준은 자신의 소유재산 대부분을 저당하여 식산은행으로부터 자금을 대출받아 회사 경영에 전력을 다하였으며 백산무역주식회사를 확장하여 서울에 지점을 개설하였다. 서울지점 책임자는 당시 면포업계에서 유명한 변상호(邊相昊)였다. 1921년 8월에는 백산무역주식회사 임원이동이 있었는데 주목할 점은 일본인이 등장하는 점이다. 임원이동 내용은 지배인 최순(崔淳)이 상무취체역으로 승진하고 조선은행(朝鮮銀行)에 근무하던 일본인 진우여길(眞禹與吉)이 신임지배인으로 등장한다. 이는 백산무역주식회사가 영남의 대지주자본의 적극적인 참여로 부산 최대 규모의 회사로 신용면에 있어서나 거래면에 있어서 일본인 회사를 능가하고 독립운동자금을 지원하는 등 민족기업으로 발전해 가자, 일제의 주목을 받게 되고 아울러 회사 경영에 일본인을 침투시켜 탄압을 가한 것으로 보인다.

 또한 백산무역주식회사는 1925년 7월 31일 제6회 정기총회를 개최하는데 주주와 중역 사이에 알력이 발생한다. 제6차 정기총회에서는 제6기 재산목록, 손익금처분, 제3회 주금 불입에 관한 보고와 전중역의 대차에 관한 결의, 취체역 및 감사역 임기만료에 따른 개선이 있어 취체역에 최준·최순(崔

淳)·문상우(文尙宇)·이우진(李愚震)·김효석(金孝錫), 감사역에는 문영빈이 선출된다. 주주와 중역사이의 알력은 합자회사 당시 채금문제와 사장 최씨형제 문제로 4명의 검사역이 장부조사를 실시하게 된다. 그리하여 1925년 9월 12일에는 감사역 문영빈이 취체역 최준·최순·안희제·윤병호·최태욱을 상대로 '사기횡령죄'로 부산지방법원 검사국에 고소하였다. 또한 1925년 9월 19일 주주대표 지창규(池昌奎)·이우식·서상일 등이 최준·최순·안희제·윤병호·최태욱·문영빈·윤현태 등 중역들을 부산지방법원 검사국에 고소하여 제3회 불입으로 기한이 지난 주주에게 실권처분을 단행하여 재산집행을 하자 대구에서 실권주주 총회를 개최하여 대책을 협의한 결과 변호사 김완섭(金完燮)에게 사건을 의뢰하여 윤상태와 1인이 1심·2심에서 패소하여 경성고등법원에 상고하게 된다.

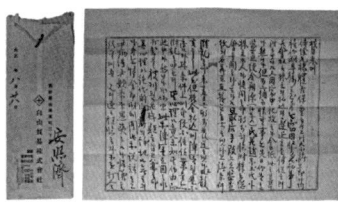

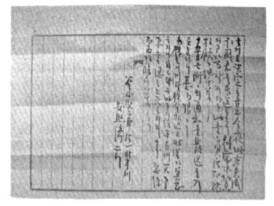

안희제가 백산무역주식회사 사태 수습을 위해 최준에게 도움을 요청한 내용(경주최부자아카데미 소장)

경성고등법원 상

고심 공판에서 실권주주측이 승소하게 되는데 당시 한국에서는 보기 드문 처음 있는 판례였다. 1925년 10월 20일에는 임시주주총회를 개최하였는데 경상남북도 출신 청년재산가 30여 명이 출석하여 정관 10조의 "주권의 처분은 주주간에만 행한다"는 내용의 삭제를 요구하고 또한 임시주주총회를 진행하던 의장 이우진의 자격문제를 제기하여 전총회를 부인하고 신임원 불신임안을 상정하여 새 중역을 선출하였다. 중역으로 선출된 자는 이우식·최태욱·윤병호·안희제 등이다.

백산무역주식회사는 1928년 1월 29일 해산되고 말았다.

백산무역주식회사는 앞에서 살펴본 바와 같이 영남의 지주들이 대다수 참여하여 조직된 대규모의 무역회사였으며 그 설립 목적과 운영은 국내외의 독립운동자금을 지원하기 위해서였다. 1919년 3·1운동

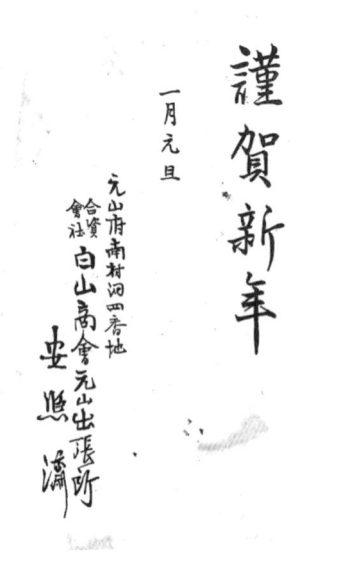

안희제 친필 연하장(경주최부자아카데미 소장) 합자회사 백산상회 원산출장소가 있었음을 알 수 있다.

을 전후한 시기에 다수의 민족계회사가 설립되어 한국의 산업을 민족기업가들에 의해 일으켜 민족의 경제력 증진을 목적으로 하였고, 한편으로는 학교 및 언론기관을 설립하여 민족계몽을 통해 국권회복을 위한 독립운동에 이바지하였다. 그러나 백산상회는 설립 초기부터 설립자 안희제의 설립취지대로 독립운동자금 지원을 위한 국내 독립운동기지로 설립되어 운영되어 왔다.

앞에서 살펴본 바와 같이 안희제는 2,560주를 소유한 최대주주였으나 최준을 취체역 사장으로 선출한 것은 안희제 자신은 회사의 실질적인 경영보다는 국내외의 독립운동가와 연락을 담당하여 독립운동자금을 지원하는데 전력을 다하기 위해서였다. 또한 백산무역주식회사는 창립 후 국내 서울·대구·원산·인천 등 18개소와 국외에는 중국의 안동·봉천·길림 등 3개소에 지점 및 연락사무소를 설치하였다. 그중 대구연락사무소는 태궁상점(太弓商店)을 경영하는 서상일이 맡았고 서울 연락사무소는 미곡상 이수영이, 그리고 봉천연락사무소 해천양행(海天洋行)을 경영하는 이해천(李海天)이 담당하였다. 백산무역주식회사의 지점 및 연락사무소의 설치는 영업활동지역의 확대뿐만아니라 독립운동을 위한 연락과 독립운동자금 전달을 담당하였던 것이다.

백산무역주식회사는 결손을 거듭하였는데 이는 경영부실보다는 독립운동자금을 회사의 수지와는 관계없이 지속적으로 지원하였기 때문이다. 그럼에도 불구하고 주주들은 1921년에는 제2차불입, 1923년에는 제3차·제4차 불입까지 완료하여 회사의 적자위기를 막아주었다. 독립운동자금의 전달 방식은 항상 장부상 거래 형식을 취하였기 때문에 일본경찰에 발각되지 않았다. 보성전문학교와 양정의숙 학우들을 중심으로 한 청년애국지사들이 중심이 되어 각자 그들의 고향으로 돌아가 영남지역을 중심으로 백산상회(안희제)·상덕태상회[박상진](尙德泰商會[朴尙鎭])·태궁상점[서상일](太弓商店[徐相日]) 등의 곡물상을 설립하고 이들 곡물상을 독립운동의 정보 연락과 재정기지로 삼아 서로 연계하여 항일독립운동을 위하여 지속적으로 활동하였다. 상해 대한민국임시정부는 국내 동포들의 민족의식과 독립운동자금 조달을 위하여 연통제(聯通制)를 조직하였는데 백산상회는 대한민국임시정부 기관지 『독립신문』의 국내 보급 통로였다. 『독립신문』 출판부장을 지낸 주요한(朱耀翰)은 백산상회의 국내 독립운동기지로서의 역할을 다음과 같이 언급하였다.

　이 조직을 총괄하는 교통사무국을 안동현의 「이륭양행(怡隆洋行)」과 부산의 「백산상회(白山商會)」에 두었다. 이륭양행은 영국 「GL쇼」가 경영하는 상점이고 백산상회는 부산 안희제가 시베리아를 방랑하며 독립운동가들과 사귄 뒤 부산에 돌아와 세운 무역회사로 독립신문 보급의 가장 중요한 통로가 되었다. 때때로 지방 연락 기구가 적발되어 투옥되기도 하고 피신하여 연락망이 끊기기도 하면서 필사적인 보급 활동이 전개되었다.

국내 독립운동가들은 이 연통제 조직을 통하여 독립운동자금 조달과 『독립신문』 보급을 위하여 온갖 고난을 겪었으며 안희제는 독립운동을 위한 독립운동자금 조달과 『독립신문』 보급 등 국내의 중요 독립운동기지로 백산상회를 설립하여 운영하였던 것이다. 1919년 2월 일본 동경에서 2·8독립선언서를 국내로 들여오기 위해 김마리아가 부산으로와서 백산상회를 찾아가서 신한청년당(新韓靑年黨) 이사장 서병호(徐丙浩)를 만나서 국내에서의 3·1운동으로 확산시키고자 하였다. 또한 김마리아는 부산지역의 여성들을 만나 독립운동을 고취하였는데 이는 부산지역 3·1운동이 기독교 계통의 일신여학교에서 비롯된 사실과도 연관이 있을 것이다. 안희제는 3·1운동 직전인 1918년 12월 족형인 안효제가 만주 안동현에 망명하여 은거생활을 하던중 세상을 떠나자 상제에 참석하기 위해 만주로 갔다. 이때 안희제는 박광(朴洸)·김삼(金

三) 등 동지들과 윌슨의 민족자결주의 선언으로 조성된 국제정세와 독립운동 방략을 논의하고 귀국하였다. 귀국후 안희제는 이시영(李始榮)·남형우 등과 함께 삼남 각지의 동지들을 규합하고 중국·일본 등지의 독립운동 세력과 국내연락 활동을 전개하였다. 또한 안희제는 조카 안준상(安駿相)을 고향인 의령으로 보내 3·1운동을 주도하도록 하였으며 거액의 독립운동 자금을 조달하여 윤현진·남형우를 영남대표로 상해 대한민국임시정부에 파견하였다.

독립운동지도자를 양성하다

 1919년 3·1운동으로 상해 대한민국임시정부가 수립되자 안희제는 장차 독립운동지도자를 양성하기 위해 장학재단을 설립하였다. 안희제는 1919년 11월 백산상회 관계자들을 중심으로 부산 및 인근의 군(郡) 유지들의 발기로 독립운동지도자 양성을 위해 우수한 청년들을 선발하여 국내 및 국외에 유학시킬 목적으로 기미육영회(己未育英會)를 조직하였다. 기미육영회 조직 배경은 1919년 3·1운동 이후 국권회복을 위해서는 교육보급·인재양성·민중계몽이 급선무임을 깨닫고 이에 부응하기 위해서였다. 이러한 점은 기미육영회취지문에 다음과 같이 잘 나타나 있다.

기미육영회 취지문(己未育英會趣旨文)

사회(社會)의 흥륭(興隆)을 도모하고 문화(文化)의 발전(發展)을 촉(促)하는 근본책(根本策)이고도 효과있는 길은 청년(靑年)을 교양(敎養)하여 수세(需世)의 그릇이 되고 경방(經邦)의 인재(人才)가 될 사람을 많이 만들어 내는 것에 우선(優先)하는 일은 없다.(중략) 자타(自他)를 가리지 말고 여력(餘力)을 서로 합(合)하여 빛을 잃고 숨어 있는 준재(俊才)를 선발(選拔) 연마(硏磨)하여 성기달지(成器達志)의 길을 열어 줌은 일면(一面) 우리 사회(社會)의 흥륭(興隆)을 도(圖)하고 문화(文化)의 발전(發展)을 촉(促)하는 요무(要務)에 그치는 것이 아니라 실로 시대사상(時代思想)의 빈부상배(貧富相排)를 완화(緩和)하는 일대미거(一大美擧)라 할 것이다. 이에 오인(吾人)은 느끼는 바가 있어 육영회(育英會)를 설립(設立)하고 이 숭고(崇高)한 사업(事業)을 수행(遂行)하고자 한다. 동감(同感)의 인사(人士)는 와서 이 일에 찬동(贊同)하기를 바란다.

기미육영회는 13개조의 규칙과 3개조의 선발내규를 정하여 운영하였는데 기미육영회 규칙을 보면 기미육영회는 사회를 위한 인재를 양성함을 목적으로 하고,(규칙 제2조) 기미육영회의 본부는 부산에 둔다.(규칙 제3조) 그리고 기미육영회는 회원의 부담금으로 운영되며,(규칙 제5조) 회원은 매년 1백원 이상을 부담하게 되어 있다.(규칙 제6조) 또 기미육영회는 간사 5인을 두고 회무를 관리하며, 그 중 1인을 대표간사로 정하고(규칙 제7조) 회원중에서 평의원 10인을 선정하여 회의 사무를 평의케 한다.(규칙 제8조)고 되어 있다. 기미육영회 창립 당시 간사 및 평의원 명단은 다음과 같다.

기미육영회 간사 및 평의원 명단

〈간사(幹事)〉

안희제(安熙濟)　재부산백산상회 전무취체역(在釜山 白山商會 專務取締役)

윤현태(尹顯泰)　재부산백산상회 취체역(在釜山 白山商會 取締役)

윤병호(尹炳浩)　재부산백산상회 지배인겸취체역

　　　　　　　(在釜山 白山商會 支配人兼取締役)

최태욱(崔泰旭)　재부산무역상 공태상회주(在釜山 貿易商 共泰商會主)

전병학(全秉鶴)　재부산초량 경남은행 부지배인(在釜山 草梁 慶南銀行

　　　　　　　副支配人)

〈평의원(評議員)〉

문상우(文尙宇)　재부산경남은행 지배인(在釜山 慶南銀行 支配人)

안대호(安臺鎬)　재부산부호(在釜山 富豪)

조동옥(趙東玉)　재부산백산상회 취체역(在釜山白山商會 取締)

이우석(李愚奭)　재부산백산상회 취체역(在釜山 白山商會 取締役)

전석준(全錫準)　재부산부산진 일기포장(在釜山 釜山鎭一紀長)

윤상은(尹相殷)　재부산부산부 협의회원(在釜山釜山府 協議會員)

손영순(孫永詢)　재밀양(在密陽)

최한무(崔漢武)　재부산주일상회주(在釜山主一商會主)

김시구(金時龜)　재부산무역상, 부산상업회의소부회두

　　　　　　　(在釜山 貿易商, 釜山商業會議所副會頭)

김교석(金敎錫)　재경남합천, 부산체재 무역상

　　　　　　　(在慶南 陜川, 釜山滯在 貿易商)

기미육영회는 발족 6개월 후인 1920년 5월에는 회원이 43명에 이르렀고, 회원부담금 신청액이 12,000원, 불입액 5,000원에 달하였다. 기미육영회는 매년 10명씩 유학생을 선발하기로 방침을 세우고 제1차 유학생을 선발하였는데 김정설(金鼎卨, 김범부로도 알려졌는데 소설가 김동리의 친형이다)·이병호(李炳虎)·이제만(李濟晩)·전진한(錢鎭漢)·문시환(文時煥) 등 5명이었다. 김정설은 경주출신으로 유년시절에 사서삼경을 수학하였으며, 기미육영회 장학생으로 선발되어 일본으로 유학하여 동양대학에 입학하여 동양철학을 수학하고, 이어서 경도대학과 동경대학에서 청강생으로 동서양 철학을 비교, 연구하고 1922년 귀국하여 중앙불전에서 동양철학을 강의하였다.

  기미육영회는 1921년 경제계의 공황으로 금융긴축이 극도에 달하여 회원부담금 수납이 여의치 못하게 되어 재정난을 겪게 되었는데 같은해 3월 27일 임시총회를 개최하고 대책을 강구하였으나 해결책을 찾지 못하였다. 그 후 기미육영회는 임원을 개선하여 전석준·윤병호 2인이 간사로 선출되어 내외관계 개선을 위해 노력한 결과 활성화되었다. 이후 기미육영회는 경남 각지 유지들의 후원으로 다수의 유학생을 일본 및 구미 각국에 파견하고 우수한 청년들을 선발하였는데 독일로 유학한 안호상(安浩相)·이극로(李克魯)와 영국으로 유학한 신성모(申性模) 등은 기미육영회에서 파견한 유학생들이었다.

기미육영회는 부산을 중심으로 한 경남 각지 유지 40여 명으로 조직되어 회원부담금으로 유학생을 선발하여 장차 독립운동을 위한 인재양성에 크게 기여하였다. 그러나 기미육영회는 1920년 봄 이후 경제공황으로 회원들의 부담금 수납이 여의치 못하여 육영사업은 1921년 이후 지속되지 못하였다.

기미육영회에서 파견한 유학생들
(1927년 11월 독일 베를린대학 교정에서 오른쪽부터 안호상, 이극로, 신성모)

제6장

협동조합운동에 앞장서다

 1919년 부산에서 백산무역주식회사와 조선주조주식회사를 설립하여 경영하던 안희제는 1920년대 초 물산장려운동에 참여하였다. 당시 대중의 지지와 호응으로 활발하게 전개된 물산장려운동이 1923년 후반 침체하게 되자 민족주의계열은 한국 민족자본 축척과 공업발전에 목표를 둔 경제운동을 대중의 자주경제 수립을 지향하는 협동조합운동으로 전환하였다. 물산장려운동의 결과 결국 소수 자본가층의 이익으로 귀속될 뿐이라는 사회주의자의 비판과 대중의 외면으로 경제운동의 방향전환이 요구되는 가운데 나타난 변화였다. 물산장려운동론이 직접 자본가층의 자본축적문제와 직결된 데 반하여 협동조합운동론은 운동의 지향이나 대상으로 보아 자본가층의 경제운동론과는 관련시키기 어려웠다. 협동조합운동론은 대부분의 내용이 소비조합이론이었고, 물산장려운동의 실천방법으로 소비조합 조직을 시도한 데서 알 수 있듯이 협동조합운동론 또한 자본가층의 재생산조건 개선이란 성격을 내포하고 있었다. 즉 소농민과 도시서민의 피폐와 몰락으로 한국인 자본가층의 경제적 토대인 국내경제, 구체적으로 '민족경제권'이 동요되는 상황에서 이들 소농민과 도시서민의 경제생활 향상을 표방한 협동조합운동은 가계경제를 개선함으로써 구매력을 향상시키고 또한 한국인 제조상품의 판로를 확보하는 형태로 한국인 자본가층의 재생산 조건을 개선하는 효과를 수반하였다.

일반적으로 '협동조합'이나 '협동조합운동'이란 용어가 사용된 것은 1920년대 후반에 들어서였고, 1920년대 전반 특히 1920년대 초반까지는 주로 '산업조합'이란 용어가 통용되었다. 한국의 경제상황에서 산업조합의 설립이 필요함을 주장한 최초의 글은 1917년 『학지광』에 실린 최원호(崔瑗浩)의 「조선인의 생활과 산업조합의 필요」라는 글이다. 이글에서는 아직 기계공업이 발달하지 못하여 일상필수품을 모두 외국인의 손에 의탁할 수 밖에 없는 유치한 공업의 발전단계에서 생활의 곤궁함을 구제할 방법으로 각 산업부문과 계층에서 산업조합의 필요성을 주장하였다.

이후 1920년대 초반 경제적 실력양성론이 대두되면서 그 방안의 일환으로 산업조합이 주목받기 시작하였다. 대구지역의 대표적인 자본가로 1910년대 비밀결사단체인 조선국권회복단에 참가하였고 1920년대 초기 대구청년회·대구구락부를 조직하여 문화운동을 지도하였던 서상일은 청년회의 부서 조직 가운데 하나인 산업부의 활동으로 산업조합의 조직을 주장하였다. 또한 천도교계 김기전(金起田)은 농촌산업개선을 위한 방안으로 산업조합의 설립을 제안하였다. 조선물산장려회 이사로 활동하였고 민족주의 좌파 노선을 견지한 이순탁(李順鐸)도 경제발전책의 하나로 상권(商權)을 회복하기 위해서는 산업조합 사상을 보급하여 대도회지는 물론 소도회지까지 산업조합 설립이 급선무라고 하였다. 즉 산업조합에서 필요한 물품을 염가로 분배하여 사용하게 하면 폭리를 취하는 상인을 배제하고 외국인을 경제계로부터 구축할 수 있으므로 우리 시장을 회복할 수 있을 것이라고 하였다. 이러한 산업조합 설립운동은 서상일의 주장과 같이 청년회·구락부 등에서 주도하여야 할 것이라는 방안을 제시하였다. 문화운동의 지도자나 지식인들이 주장한 당시 산업조합론은 일본의 산업조합론을 도입한 것이다. 1920년대 초기의 산업조합론은 용어도 그대로 사용하였을 뿐만 아니라 그 내용도 일본의 산업조합론을 그대로 답습하였다.

1920년대 후반에 이르러 전체 민족해방운동 및 민족주의 운동이 변화하는 가운데 협동조합론에 대한 인식이 심화되어 갔다. 국내에서 서구의 협동조합을 모방하여 원래의 협동조합의 취지와 목적에 기초한 협동조합운동이 전개된 것은 1926년 동경유학생들이 조직한 협동조합운동사이다. 같은 해 6월 13일 일본 동경 각 대학과 전문대학에 재학 중인 전진한(錢鎭漢)을 비롯하여 이시목(李時穆)·함상훈(咸尙勳) 등 유학생 100여 명이 조도전대학 스코트홀에서 협동조합운동사 창립총회를 개최하였다.

협동조합운동사의 강령은 "① 오인은 협동자립적 정신으로 민중적 산업관리와 민중적 교양을 한다. ② 오인은 이상의 목적을 관철하기 위해 조합정신의 고취와 실지경제를 기한다."이다. 이들은 조선사회의 경제적 토대인 농촌의 피폐가 극도에 달하여 파탄지경에 빠진 대다수의 농민의 생활을 구제할 수 있는 방도는 협동조합이라고 보았다. 즉 협동조합은 "경제적 약자가 상호부조의 협력에 의하여 그들의 경제적 향상을 기도하며 자본주의의 결합을 배제하려는 사회이상을 가지고 발생한 경제적 조직체"라고 인식하였다. 협동조합운동사는 협동조합운동의 취지와 필요성을 선전하기 위해 월간으로 『조선경제』를 발간하였다.

1928년 3월 협동조합운동사는 본부를 서울로 이전하여 실천운동에 매진하였다. 이에 전국 각지에 수십개의 조합이 설립되자 조합 상호간의 연락과 경영상의 편의를 제공하여 발전을 도모하기 위한 연합회 조직으로 1928년 4월 협동조합경리조합을 조직하였다. 이 경리조합의 설립배경은 "협동조합이 전국적으로 발전하여 기성 조합이 수십 처에 달하고 설립 준비 중인 것도 적지 않은 바 이 기성(旣成) 또는 장래 총생(叢生)할 각 조합의 건전한 발전을 도모하기 위해" 설립한다고 했다. 경리조합의 임무는 "① 지방 각 조합과 연락하여 그 경영상의 편의와 통일을 기함 ② 지방 각 조합의 청구에 응하여 소비점(消費點)의 공동구입을 행하며 일체 경제행위의 위임에 응함 ③ 국내 생산품과 외지 구입품의 산지 구입경로, 시기·운임 등을 상세하게 조사·보도하여 지방 각 조합의 편의를 도모함 ④ 지방 각 조합의 실제 경영상의 제반 문제에 대응하며 경영상의 지식과 경험을 공급함" 이다. 협동조합경리조합은 주식회사와 같이 출자 구수에는 제한이 없었으나, 발언권과 투표권은 1인1표주의였다. 협동조합경리조합 이사장에는 안희제, 상무이사 전준한(錢俊漢, 전진한의 형)·유영복, 이사 이경희(李慶熙)·김용채(金用采), 고문은 전진한이었다. 안희제는 '자력사(自力社)'라는 잡지사를 경영하고, 1929년 안희제는 『중외일보』사장, 1931년에는 자본금 2만 5천원으로 경북 봉화에 춘양목재주식회사를 설립하고 이사로 활동하다가 만주로 망명하였다. 협동조합경리조합 상무이사 전준한과 유영복은 협동조합사 간부를 역임하였다. 이사 이경희는 교남교육회·신민회·조선노동공제회, 1923년에는 의열단사건에 관계하였고, 1927년에는 신간회 대구지회장으로 활동하였다. 또한 이사 김용채는 1931년 안재홍이 사장이던 조선일보 동경지국장이었다.

안희제는 1927년에는 협동조합운동을 전개할 목적으로 부산에서 '자력사'를 설립하고 학술잡지 『자력』을 창간할 준비를 시작하였다. 이듬 해 2월에는 창간호의 발행을 신청하였으나 총독부는 창간사를 비롯하여 '제한(制限) 외의 기사가 많다'는 이유로 2월 10일자로 「출판 불허가」 처분을 내렸다. 경무국 도서과의 비밀자료에는 『자력』창간호에 수록되었던 글 가운데 3편이 요약 번역되어 있다. 「창간사」는 "굶주리고 척박한 곳에 손발이 묶이고 채찍에 맞아 죽을 수도 없는…"으로 표현한 구절이 있었다. 논문 「조선은 발전하고 있는가」와 「침묵」도 조선의 경제적 참상을 통렬히 비판한 글이었다.

『자력』제2호도 「출판 불허가」였는데, 문제 기사로는 「자본주의제 사회」와 「여자 직업 문제에 대하여」가 포함되어 있었다. 경무국 도서과는 4월 27일 "치안방해 기사가 다수 게재되어 출판 불허가처분"이라고 지적했다.

『자력』 창간호

제2호 발행에 앞서 안희제는 부산에 있던 자력사를 서울 계동 103번지로 옮기고 편집 내용을 고쳐서 발행을 출원한 것인데 또다시 출판 불허가 처분된 것이다.

안희제의 잡지발행은 이처럼 창간호와 제2호가 햇빛을 보지 못한 채 사장되었다. 이리하여 『자력』은 7월 1일에 발행된 제3호가 실질적인 창간호였다. 하지만 제3호도 「권두언」은 백지에 '본문삭제'로 표시된 상태로 나왔다. 편집겸 발행인은 안희제, 국판 119면에 정가는 30전이었다. 어렵사리 세상에 얼굴을 내민 『자력』은 「사고」를 통해 다음과 같이 독자들에게 잡지 발행의 어려움을 토로했다.

본지의 창간호, 제2호는 부득이한 사정으로 인하야 세상에 나오지 못하고 이제야 겨우 제3호를 여러분 압헤 두리게 되얏음니다. 그러나 실로 미안한 것은 본호가 예상 이외로 내용이 불충실하게 된 것임니다. 누구나 자기의 것을 보담 더 잘하리라는 생각이야 업스리오마는 본호의 내용이 이러케 된 것도 역시 우리 동인의 본의가 아니란 것을 양해하실줄 밋음니다. 끝으로 우리는 이 모든 불충실하고 불완전한 것을 한 호, 두 호의 거듭함에 따라 차차 완미의 역(域)으로 향하야 쉬지 안코 노력하겟다는 것을 다시 맹서해 둠니다.

편집동인 백

실질적 창간호인 제3호에는 논문, 수필, 시, 소설을 포함하여 다음과 같은 글이 실렸다. 조선 소작제도의 일반(一斑, 구봉학인)유행과 현 경제조직(김해압)조선 활판술 소고(이시목)丁抹의 농촌교육(화석)케푸레르의 삼 법칙(유동진)불란서 민요와 향토시인(이구) 조선 주택에 대한 寸察(김윤기)시각론(김진섭)난설헌의 시인가치(벽초)로셋틔를 추억함(정인섭)사색만보(석 천)제7회 鮮展 감상기(김학남)문 예 언론활동젊은 女囚人(시, LK 역)諷詩(시, LK 역)어늬 가을밤(소설, 이선근)그이들의 가는(소설, L생)

통권 제4호는 8·9월 합병호로 8월 23일에 발행되었다. 권두언은 「여름과 학생」이었고, 논문은 「조선농민의 이주상황」(구봉농인九峰農人), 「농민의 생활상태에 대한 고찰」(김해차金海槎), 「조선경제 통계」(정현태鄭悳台), 「조선금융계의 일별一瞥」(하우생何尤生) 등이었다. 「학생이 여름휴가를 어떻게 이용할까」라는 설문과 수필, 소설, 희곡, 시 등을 실었는데 외국 작품의 번역이 많았다. 경제와 농민문제를 주로 다룬 학술지의 성격을 지니고 있었다.

제7장

날카로운 항일언론투쟁을 전개하다

 안희제의 최초의 언론투쟁은 1911년 러시아로 망명하여 블라디보스토크에서 최병찬(崔秉瓚)과 함께 『독립순보(獨立旬報)』를 간행하였다는 기록이 있으나 현재까지 확인할 수 있는 자료는 없다. 최병찬과 안희제는 같은 의령출신으로 최병찬은 1882년생 안희제는 1885년생으로 최병찬이 세 살 위다. 최병찬은 최광(崔廣)이라는 이름으로 독립유공자로 알려져있다. 최병찬은 보성전문 교수, 교남교육회 평의원, 대동청년단 단원으로 활동하였고 경술국치 이후에는 러시아로 망명하여 성명회와 대한인국민회에서 활동하였다.

 최병찬은 젊은시절 고향인 의령에서 문맹퇴치운동을 벌이는 한편 안희제가 설립한 창남학교에서 교편을 잡기도 하였다. 최병찬은 20세가 되는 해인 1902년 송병선 문하에서 수학하면서 일생의 전환기를 맞이하였다. 스승 송병선은 1905년 을사늑약이 체결되자 을사오적 처형 상소를 올리는 등 일제의 국권강탈에 저항하였다. 그러나 그의 상소가 받아들여지지 않자 극약을 마시고 자결하였다. 스승의 자결을 지켜본 최병찬은 밤새워 통곡하며 국권회복을 위해 일생을 바치기로 결심하게 된다.

최병찬은 신학문을 수학하기 위해 상경하여 1905년 보성전문학교 경제과에 입학하여 1907년 4월 보성전문학교 경제과를 제1회로 졸업하였다. 이듬해인 1908년 보성전문학교 교수로 임명되어 2년간 근무하였다. 최병찬과 안희제의 만남은 1908년 3월 14일 경상도 지역 인사들이 중심이 되어 조직한 교남교육회에 가입하면서이다. 최병찬은 안희제와 함께 교남교육회 평의원으로 활동하였다. 1909년 최병찬은 비밀결사 대동청년단에도 가입하여 초대 부단장과 2대 단장을 맡은 안희제와의 관계를 돈독히 하였으며 남형우·윤병호·김동삼 등과도 교류하였다.

안희제는 1920년대 『조선일보』와 아울러 양대 항일언론지인 『동아일보』 창립 발기인 78명 중 1인이다. 동아일보 창립 발기인 명단에는 안희제를 포함하여 백산무역주식회사 중역들이 대다수 참여하고 있다. 최준·이종화·정재원·김시구·윤병호·윤상은·문상우·허걸·윤현태·문영빈 등이다. 동아일보 창립 발기인 78명을 출신 지역별로 보면 전국 13도의 지식인과 자산가들이 민족지 창간에 참여하고 있다. 안희제는 『동아일보』 창간 당시부터 1921년 6월까지 동아일보 부산지국을 경영한 것으로 보아 언론에 남다른 관심을 가졌던 것으로 보인다. 초창기의 조선일보와 동아일보의 지국 운영은 단순히 신문 판매만을 목적으로 하는것은 아니었다. 지방의 유력인사들이 참여하여 그 지역의 신문판매와 취재를 아울러 담당하였다. 당시의 신문사 지국은 민족운동의 지방조직으로의 성격이 짙었다. 신문사의 지국 경영자는 단지 지방의 유력인사로 각 지역 민족운동의 중심인물들이었으며, 아울러 지국과 분국의 기자들 가운데 상당수는 그 지방 민족운동에 앞장섰던 인물들이었다. 동아일보의 경우 안희제가 부산지국장을 경영하였고, 대구지국장은 서상일이 맡았고, 평양지국장은 이덕환(李德煥)·김성업(金性業) 등이었다.

동아일보 평양지국을 경영한 이덕환은 한말 항일비밀결사 단체인 신민회에 가입하여 평양지방 민족운동의 유력한 지도자로 활약하였다. 대구지국을 경영한 서상일은 1909년 안희제 등과 함께 대동청년단을 조직하여 만주와 러시아 등지에서 활동하였고, 3·1운동 이후에는 대구에서 활동하면서 안희제가 경영하던 백산상회 주주로 참여하였다. 서상일은 1923년 7월부터 동아일보 대구지국장을 맡아서 『동아일보』가 폐간되던 1940년까지 17년간 계속 대구지국을 경영하였다. 김성업은 1924년 5월 동아일보 평양지국장을 맡아 1937년 안창호(安昌浩)가 중심이 된 수양동우회(修養同友會)사건으로 투옥될 때까지 13년간 평양지국을 운영하였다.

안희제는 동아일보 부산지국장을 그만둔 후 부산에서 경찰이 취재기자를 구금할 사건과 관련하여 기자의 석방을 위한 교섭위원으로 활약하였다. 또한 1926년 8월에는 부산에서 일본인이 6살된 어린이의 몸에 독약을 바르고 먹인 후 6시간 동안 기둥에 결박하고 폭행한 만행을 저지른 사건이 발생하였다. 폭행당한 어린이가 일본인의 오이밭에 들어가 오이 한 개를 땄다는 이유에서였다. 이 사건이 알려지자 부산시민 6천 여명이 시위를 벌이고 성토강연을 하다가 일본경찰과 충돌하여 시민 33명이 경찰에 구속되고 순사 3명이 중상을 입었다. 구속된 사람중에는 기자도 포함되어 있었는데 안희제는 그들의 석방을 위한 교섭위원의 일인으로 활약하였다.

안희제가 신문을 직접 경영한 것은 1929년 9월 1일부터 중외일보사 사장으로 취임하면서부터이다. 『중외일보』의 전신은 『시대일보』였다. 『시대일보』는 최남선(崔南善)이 1924년 3월 31일 창간한 신문이다. 최남선은 3·1운동으로 투옥되었다가 출옥한 뒤 1922년 9월 3일 주간지 『동명(東明)』을 창간하였는데 다음해 6월 3일까지 통권 41호를 발간한 후 주간지 발행을 중단하고 새로운 일간지 『시대일보』를 창간하였다. 『시대일보』는 편집과 내용이 기존의 신문보다 참신하여 독자들로부터 좋은 반응을 얻었다. 그러나 최남선은 『시대일보』 경영에 소요되는 막대한 자본을 계속해서 투자할 재정력이 없었다. 여러 사람으로부터 자본을 끌어들이여고 노력하였으나 여의치가 않았다. 신문은 구독료와 광고료가 주된 수입원인데 당시에는 구독자도 제한되어 있었고, 당시 한국의 빈약한 경제상황에서 광고유치도 어려웠다. 『시대일보』보다 4년 먼저 창간된 『동아일보』의 경우에는 김성수(金性洙)의 재정적인 뒷받침으로 운영에 어려움이 없었으나 『조선일보』의 경우에도 경영난으로 여러차례 경영주가 바뀌는 진통을 겪기도 하였다. 최남선은 경영난 타개를 위해 창간 2개월 후인 6월 2일 보천교〔普天敎 ; 차경석(車京錫)이 강일순(姜一淳)을 도조로 하여 일제강점기에 세운 증산교 계통의 종교로 사교집단이었음〕에 발행권을 넘긴다는 조건으로 재정지원을 받기로 계약을 맺었다가 사회적으로 물의를 빚게되어 신문경영 일선에서 물러나게 되었다. 최남선의 후임으로 홍명희(洪命憙)가 사장에 취임하였으나 경영난을 타개하지 못하고 1926년 8월 중순까지 발간한 후 발행을 중단하였다. 이와 함께 무한책임사원 전원이 사퇴하여 시대일보사는 해산되어 2년 5개월 만에 종간되고 말았다.

이후 이상협(李相協)이 『중외일보(中外日報)』라는 제호로 변경하여 1926년 9월 18일 조선총독부로부터 발행허가를 받았다. 이상협은 시대일보사의 인원과 시설을 인수하여 같은 해 11월 15일 『중외일보』를 창간하는 형식으로 지령을 1호부터 시작하였다. 『중외일보』의 발행인 겸 편집인은 이상협, 인쇄인은 김정기(金正琪)였다. 이상협은 일제강점기에 신문 제작의 귀재(鬼才)로 널리 알려진 인물이었다. 특히 이상협은 신문의 편집과 경영에 뛰어난 재능을 발휘하여 당시 언론계에서 활발하게 활동하였다.

이상협은 1912년 매

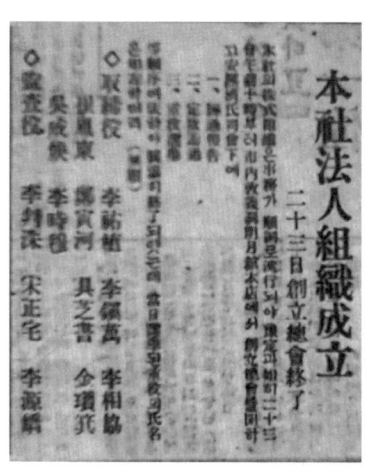
중외일보 주식회사 설립 사고
(『중외일보』 1923. 11. 25)

일신보사에 처음으로 입사하여 활동하였다. 1914년 『매일신보』 연파주임(軟派主任), 1918년 9월 18일에는 발행인 겸 편집인이 되었다. 이후 1920년에는 『동아일보』 창간당시부터 초대 편집국장으로 신문의 체재를 잡는 등 핵심적인 역할을 하였으나 1924년 그의 직계 기자들과 함께 조선일보로 가서 '혁신 조선일보'를 만들었다. 그러나 1925년 『조선일보』가 정간 당한 후 독자적으로 『중외일보』를 경영하게 되었다.

이상협은 그동안의 경험을 바탕으로 『중외일보』 제작에 몰두하여 여러 가지 참신한 아이디어로 새로운 시도를 하였다. 한국이 농업국이라는 사실을 중요하게 생각하여 농촌 독자들을 대상으로 「농업란」을 신설하여 좋은 호응을 받았다. 당시 모든 신문과 같이 바둑과 장기대전을 게재하여 오락적인 취향이라는 일부의 비판도 있었으나 새로운 독자개발에 기발한 아이디어로 재능을 발휘하였다. 이상협은 '가장 값싸고 가장 좋은 신문'을 표방하면서 구독료도 『동아일보』와 『조선일보』가 하루 6면 발행에 1개월에 1원이었는데 『중외일보』는 하루 4면이었지만 1개월 60전이란 파격적인 염가정책으로 타 신문과 경쟁하였다. 그러나 『중외일보』는 경영난으로 어려움을 겪다가 1928년 12월 6일에는 「직업화(職業化)와 추화(醜化)」라는 논설이 문제가 되어 조선총독부로부터 발행정지 처분을 받게 되었다. 이후 42일 만인 1929년 1월 18일 정간이 해제되었으나 같은 해 2월 12일에야 속간되었다. 당시 마산의 재벌 이우식(李祐植)이 『중외일보』의 실질적인 소유주로 등장하였다. 이우식은 경남 의령 출신으로 안희제가 설립한 백산무역주식회사 대주주로 참여하였다. 『중외일보』 속간당시 자금은 안희제의 제의로 금광개발로 갑부가 된 김태원(金台原)의 지원으로 이루어졌다. 김태원은 안희제가 부산의 백산상회 시절부터 물심양면으로 지원한 인물이다.

『중외일보』는 1929년 9월 1일부터 자본금 15만원의 주식회사로 전환하면서 안희제가 사장으로 취임하였다. 이상협은 부사장, 최윤동(崔胤東)·임유동(林有棟)·이진만(李鎭萬) 등이 경영을 맡았다. 상무 겸 편집감독은 임유동, 편집국장에는 민태원(閔泰瑗), 영업국장은 최윤동이 맡았다. 논설위원으로는 이정섭(李晶燮)·이시목(李時穆)·김형원(金炯元), 정치부장 이윤종(李允鍾), 사회부에는 기자 서범석(徐範錫)·정인익(鄭寅翼)·신경순(申敬淳)·이태준(李泰俊)·홍종인(洪鍾仁)·이상호(李相鎬)·임인식(林仁湜) 등이 있었다. 학예부에는 최학송(崔鶴松)·최상덕(崔象德)·이하윤(李河潤), 부인부에는 김말봉(金末峰) 등의 문인도 참여하였다. 당시 3대 민족지의 하나인 『중외일보』 사장으로 취임한 안희제는 취임사로 '취임에 제(際)하여'라는 9월 2일자 사설에서 신문의 사명과 신문경영자의 책임에 대하여 강조하고 있다.

> 우리 중외일보사(中外日報社)의 기초를 공고하게 하는 중대한 제1계단으로서 새로이 경영 주체(經營主體)의 법인 조직을 완성하고, 금(今) 9월 1일로써 사무의 개시를 보기에 이르렀음은 사운(社運)의 진전을 위하여 스스로 흔쾌(欣快)하는 바이다. 동시에 새로이 진용을 정비한 우리 『중외일보』가 사회에 공헌해야할 책임을 수행함에 있어서 보다 유력하게, 보다 정예(精銳)한 능력을 유(有)하기에 이르렀음은 만천하의 독자 제위와 함께, 보다 사계진운(斯界進運)을 위하여 경하해야 할 것이다.
> 우리 사무(社務) 갱신의 때를 당하여 여(余)는 비재박식(非才薄識)으로써 사장의 중임(重任)에 취(就)한다. 스스로를 돌아보건대 과거의 경력은 사계(斯界)의 문외한이요, 장래의 포부도 또한 긍지로 삼을 자신도 없어 오직 공구(恐懼)와 참괴(慙愧)와를 느낄 뿐이다. 그러나 여(余)의 부족한 점에 대하여서는 다행히 동인(同人) 제군의 보좌편달(輔佐鞭達)이 있고, 여도 또한 비록 부재(不才)하다고는 하되 사회와 민족에 대한 일편(一片)의 신념은 결코 인후(人後)에 떨어지지 않을 것을 자신하여 공공의 이익을 위해서는 일신(一身)을 희생함에 인색하지 않을 결심이 서 있다.
> 이제부터는 오로지 성의와 노력을 경도(傾倒)하여 우리 『중외일보』로 하여금 그 사회적 직능(職能)을 유감 없이 발휘하게 하여 그 기초의 공고안태(鞏固安泰)를 증진시키는 일에 분려 정진(奮勵精進)코

자 한다.

현대 사회에 있어서의 신문으로서의 커다란 사명은 실로 중대하고 이 복잡다단한 세상에 처하여 오인(吾人)으로 하여금 능히 동정(動靜)의 양면을 소상(昭詳)케하고, 나아가서는 이에 순응해야 할 길을 지시한다는 것은 실로 신문의 책임이다. 세인(世人)이 신문을 가리켜 사회의 목탁(木鐸)이라 하고, 등대(燈臺)라 하고, 내지는 미진(迷津)의 보벌(寶筏)로서 부른다는 것은 결코 일미(溢美)의 찬사라고만 보아서는 안 되는 동시에, 신문의 경영자도 또한 이 중대한 책임을 감득(感得)하여 멀리는 세계 풍조(世界風潮)의 추향(趨向)과 국제 세력의 융체(隆替)와 가까이는 목전생활(目前生活)의 대소파란(大小波瀾)에 이르기까지 가장 민감하게, 가장 심각하게 반영(反映) 시킴과 동시에 아울러 거기에 처해야할 진로의 지시를 올바로 하지 않으면 안된다. 이는 여의 취직에 제하여 공구(恐懼)의 감(感)을 금치 못하는 바이며, 또한 장래에 노력하고자 하는 목표도 또한 여기에 있는 것이다.

신문의 사명은 이러한 것이다. 따라서 그 기관(機關)은 언제나 사회의 공기(公器)로서 존재하지 않으면 안 되는 것이며, 그 공기(公器)의 관리 경영을 하고자 하는 자도 또한 이 정신을 몰각(沒却)하지 말아야 하는 것이다.

공공(公共)을 위하여 존재하는 기관을, 공공을 위하여 관리 운전(管理運轉)한다는 일편(一片)의 공심(公心)이야말로 사회인의 생명의 생명이 아니어서는 안되는 것이며, 이 공심(公心)의 망각은 곧 사회인으로서의 자살 행위가 아니어서는 안된다. 이에 오인(吾人)은 이 공심(公心)과 이 성의와를 토대로 하여 새로이 정비한 기관에 의하여 소기(所期)의 목표를 달할 수 있을 때까지 국궁 진췌(鞠躬盡瘁) 하리라는 것을 천하를 향하여 약속하는 동시에, 독자 제씨께서는 또한 이것이 사회의 공기(公器)임을 생각하여 변함 없는 편달과 지도로써 권애(眷愛)와 보호 있기를 희망하는 바이다.

안희제는 취임사에서 자신이 신문에 관하여 아는 바 없지만 사회와 민족에 대한 신념은 결코 누구에게도 뒤떨어지지 않을 것을 자신하고, 공공의 이익을 위해서는 일신의 희생을 다할 결심으로 『중외일보』의 경영을 맡았다고 공언하였다. 안희제는 신문의 사명을 다하기 위해 언론기관은 언제나 공기(空器)로서 존재해야 하며, 관리경영자도 이러한 정신을 잊어서는 안된다면서 신문 경영자의 자세와 자신의 각오를 피력하였다.

중외일보사에는 시대일보사에 근무하던 기자들이 대다수 근무하였다. 그러나 주식회사로 전환한 이후에는 사원수가 갑자기 늘어나 경영에 큰 부담이 되었다. 새로 입사한 사원 중에는 경상도 출신이 많다는 비난도 있었다. 그러나 안희제는 경영난으로 인한 소극적인 경영을 탈피하고 적극적인 영업정책을 취하였다. 또한 안희제는 중외일보사 사장 취임사에서도 "오로지 성의와 노력을 경도(傾度)하여 우리 중외일보로 하여금 그 사회적 직능을 유감없이 발휘하게 하여 그 기초의 공고안태(鞏固安泰)를 증진시키는 일에 분려정진(奮勵精進)코자 한다."고 다짐하였다.

안희제는 중외일보사 사장 취임 직후인 1929년 9월 12일부터 조선박람회가 개최되는 동안 매일 2만부 씩을 여관 앞 거리에서 배포하였다.『중외일보』를 선전하기 위해 대량 배포한 것이다. 또한 안희제는 야심적인 영업정책으로 다른 민간 신문이 시도하였다가 성공하지 못한 1일 2회 조석간 발행을 시도하였다. 한국 신문사상 최초로 8면으로 증면하여 언론계에 일대 파문을 불러 일으켰다. 1929년 9월 17일자(제973호)부터는 대대적인 사고(社告)를 내어 9월 26일자(제982호)부터 조석간 4면씩 하루 8면 발행을 선언하고 우리나라 최초로 조석간 8면을 발행하기 시작하였다.

『중외일보』 조석간 지면대확장 선전
(『중외일보』 1929. 9. 17)

『중외일보』보다 앞서 『조선일보』는 1924년 11월 23일부터 최초로 조석간제를 실시하고 조간 2면 석간 4면을 발행하였으나 오래가지 못하고 중단되고 말았다.

『동아일보』도 1925년 8월 조석간 발행을 시행하였다가 몇 일만에 환원하였다. 그러나 1929년 안희제가 사장으로 취임하면서 『중외일보』가 조석간 8면제를 실시하자 이에 자극을 받아 『동아일보』는 석간 6면을 발행하다가 같은 해 9월 20일부터 지면을 8면으로 늘렸고, 『조선일보』도 같은 해 10월 1일부터 8면으로 증면하여 『중외일보』의 조석간 발행에 맞서 『중외일보』·『동아일보』·『조선일보』 3개 신문이 치열하게 경쟁하였다.

『중외일보』는 안희제가 경영을 맡기전 1928년 이미 한차례의 정간을 당하였다가 1929년 2월 12일 복간한 상황이었다. 안희제가 사장에 취임한 직후인 1929년은 제3차 조선공산당(ML당) 사건 공판이 있었고, 11월 3일에는 광주학생운동이 일어나 전국적으로 확산되고 있었다. 조선공산당 사건은 1928년 2월 2일부터 32명을 검거하기 시작하였으나 보도를 철저하게 통제하였다가 693일 만인 1929년 10월 28일 예심이 종결되자 보도금지가 해제되었다. 11월 3일 광주학생운동이 일어나자 역시 보도를 금지하였다가 거의 2개월이 지난 후인 12월 28일 경에야 보도금지가 해제되는 상황이었다. 안희제는 이와같이 언론통제가 극심했던 시기에 신문경영의 책임을 맡았다. 안희제가 사장으로 재임하던 시기에 조선총독부에서 압수한 『중외일보』기사는 다음표와 같다.

년	월일	기사내용
1929	9. 8	난마(亂麻)와 같이 착잡한 관계사건의 내용
	9. 25	전 모(某) 고관이 관련된 사기사건 본격화
	9. 26	겁나는 문구를 나열 종로서 자주 협박
	10. 1	숫자관념을 양성하라(기고; 유전)
	10. 3	안국동 방면에 잠적한 청연 2일 조(朝) 서린동에서 체포
	10. 8	군사행동 모반자 국민군 OO군 총살 계엄령 선포
	10. 9	고려공산당원 고(高) 모 검거시 단도 자살 미수
	11. 1	전 기사가 해당됨
	11. 7	귀향학도까지 속속 검거
	12. 7	소학생의 충돌
	〃	제1고보 3,4년생 오늘 아침 돌연 동요
	12. 8	기마경관과 정복대(正服隊) 화동요처를 포위 경계
	12. 13	시내 21개교 사정에 의해 방학
	12. 14	오늘 새벽부터 전시경관(全市警官) 총출동
	12. 19	모지(某地) 의옥사건의 모대장 필경기소
	〃	경찰검거 15만에 공판회부 불과 4만
1930	1. 10	송도·호수돈 양교 만세 고창 대시위
	1. 16	학생운동에 대한 척무(拓務) 당국자 견해
	1. 19	오산학생 동요로 경관이 부상 입원
	1. 21	공주학생 자살에 정목서장의 변해
	1. 22	천여명 전매국 남녀공 총파업 계획 발각
	〃	학생 만세사건 기사
	2. 21	광주학생사건 공판에 관한 사진과 그 설명
	〃	근우회 허정숙 등 공판에 관한 사진
	2. 21	재판장 심문 시작 전에 피고 등 입장 설명

년	월일	기사내용
	〃	신의주 고보교 분규 점차 악화
	2. 28	금지받은 웅변회장에 군중이 자유등단 열변을 토하다
	3. 11	현대조선의 일대 풍운아 여운형의 예심 금일로써 드디어 종결
	〃	〃(제 2호의) 앞의 기사와 동일
	3. 12	「반사경」란
	〃	사회단체 주최 출옥동지 환영
	3. 23	제4차 공산당 관계자의 사진
	3. 27	부흥제를 거행한 동경 (사설)
	3. 30	협잡단체 『자치회』 동포에게 금전 강징
	4. 9	5월 1일 노동제일(勞動祭日)에 전조선 일제 맹파를 기도
	4. 18	동아일보 정간 (사설)
	5. 15	김모 등 47명 명일에 예심 결정
	6. 16	법원구내 섰다고 두부녀를 무수구타
	6. 23	3조건 승인은 허언
	6. 26	전주 3단체 연합으로 전북지 폐간을 요구
	7. 23	단천 민요(民擾)의 중대 원인은 삼림취제의 가혹에
	7. 25	군수는 월장(越牆)도주 경관대는 방총(放銃)
	〃	13시체 운반
	8. 12	100도 내외 혹서중에 재감수를 재갈먹여 방치
	〃	정평에 또 소란극
	〃	경관대는 발포수사중
	〃	「축음기」란(蓄音機欄)

이와 같은 조선총독부의 신문기사 압수는 『중외일보』뿐만 아니라 『동아일보』와 『조선일보』도 마찬가지였다. 『중외일보』 압수기사 가운데 일제의 식민통치를 강도있게 비판한

대표적인 기사를 소개하면 다음과 같다.

○ 「경찰검거 15만에 공판회부 불과 4만」(1919. 12. 19)
 일제의 사법권 남발로 인한 인권 침해를 숫자를 들어 비판한 기사.
 문명국에서는 사법권 발동이나 경찰권을 시행함에 있어 신중한 태도를 취한다. 일본에서도 사법관이 민권과 인권을 존중하는 경향이다. 그러나 조선에서는 경찰과 검찰 모두 관념적 혐의가 있으면 즉시 검거, 인치, 구인 등의 수단으로 사법권을 남발하고 있다.

○ 「신의주 고보 분규 점(漸) 악화」(1930. 2. 21)
 홍종인을 특파하여 취재한 기사.
 신의주고보 학생들의 일인 선생을 배척하는 운동으로 분규가 시작되었는데 학교당국이 돌연 학생 10여 명의 퇴학을 명하자 학생들이 선생을 끌어내어 구타하고 수업을 거부하는 등 악화일로에 있다.

 (이날자 신문에서는 3건의 기사가 압수 당하였다)

○ 「현대 조선의 일대 풍운아, 여운형의 예심 금일로써 드디어 종결」
 (1930. 3. 11)
 상해에서 독립운동을 하던 여운형이 일본 관헌에게 잡혀 조선으로 송환되어 예심종결을 보게 되었다. 여운형을 독립운동을 위하여 국제적으로 반제국주의 운동에 앞장섰던 풍운아로 묘사하면서 그의 행적을 상세히 소개하는 호외(號外)를 발행하였으나 압수 당하였다. 당시 조선에 가장 관심을 끌었던 인물이자 극동 정국(政局)의 측면사라고 할 수 있는 여운형의 삶과 극적인 활동을 상세히 기술하였다.

○ 「부흥제(復興祭)를 거행한 동경」(1923. 3. 27 사설)
1923년에 발생한 동경 대지진의 파괴를 수습하고 새롭게 탈바꿈한 동경에서 부흥제를 거행하였다. 이를 소개하면서 당시 지진피해의 와중에 희생된 조선인을 추모한 논설. 논설의 마지막 부분은 다음과 같다.
"동경에서 부흥의 제전이 거행됨을 듣고 영원히 부흥될 길 없는 불쌍한 동포를 생각하며 당시의 놀랍던 소식을 회고하고 오인은 만곡(萬斛)의 열루가 솟아남을 느끼는 자이다."

○ 「동아일보 정간」(1930. 4. 18 사설)
『동아일보』는 1930년 창간 10주년을 맞아 외국 명사들의 축사를 실었다. 이 중 4월 16일자에 실린 미국의 급진 주간지 『네이션』 주필인 빌라즈가 보내온 축사 「조선의 현상 밑에 귀보(貴報)의 사명 중대」라는 글로 인해 발행 정지 처분을 당하였다. 『동아일보』가 정간 당하자 『중외일보』는 사설에서 2년이 못 되는 동안에 조선총독부에서 3개 민간지 모두 발행정지 처분을 내린 것은 문화통치를 내세우는 조선총독부의 주장과는 완전히 모순되는 처사라고 비판하였다.

이후 『중외일보』는 조선총독부 경무국으로부터 여러차례 날카로운 필봉으로 압수처분을 받았으며 1928년에는 '세계

중외일보(붉은선 긋고 사진 삭제, 일제검열 흔적)

일주기행(世界一周紀行) 조선(朝鮮)에서 조선(朝鮮)로'가 문제가 되어 발행인 겸 편집인 이상협과 기행문 필자 이정섭(李晶燮)이 기소되는 필화사건이 발생하였다. 또한 같은 해 12월 6일자 사설 '직업화(職業化)와 추화(醜化)'로 인하여 두 번째 필화사건이 발생하여 중외일보는 조선총독부로부터 무기정간처분을 받게 된다. 조선총독부 경무국에서 발행한 『조선(朝鮮に於ける)출판물개요(出版物槪要)』의 다음과 같은 내용을 보면 당시의 『중외일보』의 성격을 짐작할 수 있다.

> 26년 11월 15일부터 『중외일보』로 새로이 발행허가를 얻어 발행하기 시작한 후 발행일자가 일천(日淺)함에도 불구하고 28년 12월

까지의 사이에 행정처분(行政處分)을 받기 실로 63회, 사법처분(司法處分)을 받기 1회에 이르고 특히 동지(同紙)는 혹은 문예난이나 사회 시사보도를 빌어 '학교투쟁(學校鬪爭)' 등의 자구(字句)를 들어 학생은 학교내에 있어서 서로 투쟁을 쌓아 나가도록 가르치고‥‥뿐만아니라 일반적으로 그 논조는 총독의 시정을 비난·공격하고 세계 약소민족의 독립운동을 빙자하여 조선이 독립을 하지 않으면 안된다는 것을 풍자하고, 매사를 편견과 중상을 바탕으로 한 집필을 감행함으로써 멋 모르는 민중으로 하여금 총독정치를 오해하게 하였다.

『중외일보』는 1929년 9월 27일자부터 우리나라에서는 처음으로 조석간 4면씩 하루 8면을 발행하였다. 이에 자극을 받아 『조선일보』·『동아일보』도 8면으로 증면 발행하여 치열하게 경쟁하였다. 안희제는 경영난으로 어려움을 겪고있는 중외일보사 사장에 취임하여 많은 노력을 기울였으나 재정이 빈약한 『중외일보』의 경영난을 극복하지 못하였다. 『중외일보』 운영자금을 마련하기 위해 동분서주하며 동지들이 내놓은 토지문서를 담보로 높은이자를 주고라도 빚을 얻기도 하였다. 조석간 8면으로 시작한 타 신문사와의 경쟁으로 재정이 점점 더 어려워지자 안희제는 불과 1년만에 경영 일선에서 물러나고 말았다.

그리하여 1930년 2월 5일자로 『중외일보』는 발행인 겸 편집인이 안희제로 변경된다. 그러나 재정난으로 같은 해 10월 14일까지 발간하고 13일자로 자진휴간에 들어갔다. 1931년 2월 15일(제1366호)에는 김형원(金炯元) 등 사원들의 노력으로 다시 속간하였으나 재정난을 타개하지 못하였다. 그리하여 『중외일보』는 재정난을 더 이상 견디지 못하고 1931년 6월 19일 지령 1,492호를 종간호로 해산하고 말았다. 같은해 10월 14일 김찬성(金贊成)이 제호를 『중앙일보(中央日報)』로 개칭하여 조선총독부로부터 발행허가를 받아 사장은 노정일(盧正一)이 맡고 안희제는 고문으로 물러났다. 중앙일보사는 1931년 11월 27일 사옥을 화동 183번지에서 견지동 60번지로 이전하고 새롭게 출발하였다. 『중앙일보』는 『중외일보』의 지령을 계승하여 1,493호로 시작하여 석간 4면으로 발행하였다. 그리하여 안희제는 언론투쟁의 일선에서 물러나고 말았다.

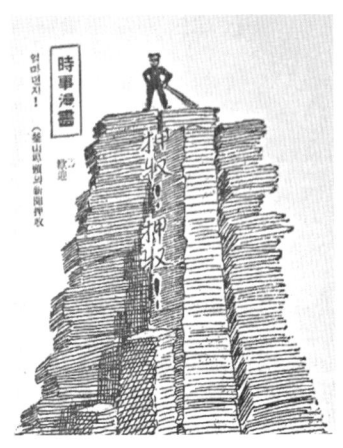

『중외일보』 압수 삽화(『중외일보』 1929. 10. 3)

제8장

국외독립운동기지 발해농장을 건설하다

『중외일보』를 통해 언론투쟁을 전개하던 안희제는 일제의 탄압과 감시를 받게 되자 노정일에게 중외일보를 양도한 후 중국으로의 망명을 결심하고 그가 구상해오던 국외독립운동기지 개척을 실현하기 위하여 1933년 중국으로 망명하여 발해의 고도인 영안현 동경성에서 발해농장 경영에 착수하였다. 발해농장 설립배경에 대해 부친 안희제와 함께 발해농장 경영에 참여한 4남 안상두는 「발해농장 시절의 백산」(『나라사랑』, 제19집)에서 다음과 같이 서술하였다.

> 이 무렵 선친 백산은 표면으로는 한인 이주민의 지도자로서 또한 발해농장 농장주로서 농지개간 사업에 심혈을 쏟고 있는 듯 했으나, 실상 그것은 구국 독립운동을 은폐시키기 위한 한 방편에 불과

한 것이었다. 국내에서의 망명, 도피로 산재해 있던 우리 독립투사들이 비밀 독립기지인 선천의 발해농장이 있는 동경성으로 모여들게 되어 선천은 비밀리에 이들과 횡적 연락과 조직을 쌓아갔다.

발해농장과 같은 농장이라는 이름의 국외독립운동기지 사례는 1914년 김동삼(金東三)이 서간도지역 독립군영으로 건설한 백서농장(白西農庄)이 있다. 1914년 제1차 세계대전이 발발하자 중·일간에 전쟁이 일어날 것을 예견하고 이 기회를 틈타 독립전쟁을 전개하려다가 실패하자 다시 혈전 태세를 갖추기 위해 김동삼을 비롯한 신흥무관학교 졸업생들과 부민단 간부들이 중심이 되어 백서농장을 창설하였다. 백서농장은 봉천성 통화현 제8구 팔리초(八里哨, 빨리소) 구(區) 소관하의 소북小北(쏘베차)란 백두산서쪽편 산기슭 사방 200리의 무인지경의 고원평야에 건설한 독립군영이다. 명칭은 다만 대내외 이목을 고려하여 일반인이 쉽게 알 수 없도록 하기 위해 백서농장이라 하였다.

안희제가 발해농장을 건설하기로 결심한 것은 김태원(金台原)과의 다각적인 논의 끝에 이루어진 것이었다. 김태원은 안희제가 『중외일보』를 속간할 당시 자금을 지원하기도 하였다. 김태원은 안희제가 부산의 백산상회 시절부터 물심양면으로 지원한 인물이다. 김태원은 당시 금광개발을 위해 전국 각지를 탐사하고 있었다. 안희제는 부산의 백산상회 시절부터 김태원을 물심양면으로 지원하였다. 김태원은 마침내 경북 봉화군 금정광산을 개발하여 일약 거부가 되었다. 안희제는 김태원을 만나 여러 가지로 상의한 결과 만주에서 농토를 개간하여 발해농장을 경영하는 한편 본국에서 농민들을 이주시키기로 합의하였다. 안희제의 중외일보 창간과 발해농장 건설당시 김태원의 재정지원이 있었던 것으로 보인다.

안희제는 가산을 정리하여 1931년부터 김태원과 함께 동경성에 토지를 구입하기 시작하였고 1932년에는 목단강 상류의 일부를 석축으로 강을 막아 농지에 수로(水路)를 대어 광활한 땅을 개간하였다. 발해농장에는 주로 남한지역 이주 한인 3백여호를 정착시키고 안희제가 고안한 자작농창제(自作農創制)를 시행하였다. 자작농창제란 이주농민에게 분배한 토지에서 생산한 곡물 절반을 수곡(收穀)하는 대신 다른 지역의 농지 개간과 수로를 개설하도록 하고, 5년 후에는 또 다른 지역의 농토를 개간하고 수로를 개설하게 하였다. 아울러 농민에게 토지는 무상으로 분배하여 자작농을 육성하는 제도였다. 이렇게하여 만주의 광활한 대지에 수백만 명의 농민을 이주시켜 정착하게 한다는 계획이었다. 또한 국내에서는 독립운동이 불가능할 뿐만 아니라 독립운동 자금조달조차 어려워졌고, 대부분의 독립운동지도자들이 국외로 망명 또는 도피해 있었기 때문에 만주를 거점으로 독립운동기지를 건설하고자 하였다. 이주한 농민들에 의해 수전개척과 수로확장 사업이 계속 이루어져 1932년부터 1935년까지 4년 동안 농토가 점차 확장되어 직경 10리가 넘게 되었다.

발해농장 수문 입수 기념(1936. 6. 5)
왼쪽 두 번째부터 안희제, 만주인 경비대장, 농장지배인 최관(서일의 사위)
뒷줄 안희제 4남 안상두

초기의 이주민은 영남지역의 농민들이 대부분을 차지하였으나 전국 각지에서 흩어져 살던 함경도·평안도·전라도·강원도 지역의 농민들이 소문을 듣고 몰려들어 서상무(徐相武)가 경영하는 금강농장(金剛農場)과 조두용(趙斗容)이 경영하는 동만농사주식회사(東滿農事株式會社) 등의 대규모 농장이 발해농장 몽리구역(蒙利區域, 저수지, 보 따위의 수리 시설에 의하여 물이 들어와 농사에 혜택을 입는 구역) 수로를 중심으로 속속 건설되었다. 그 외에도 농장 기사까지 채용한 대소농장들이 날로 늘어갔다. 이어 수로확장사업은 매년 계속되었으며, 종래에는 각 농장의 연접된 수로 길이가 16킬로미터 이상이 되었고, 연접된 수로에 거대한 수문을 준공하여 여기에 중국인 수문장을 두어 감시케 하였다. 이와 함께 이주농민과 2세들에게 독립운동의 기반이 되는 민족정신과 자주독립사상을 고취하기 위하여 동경성 중앙에 발해보통학교(渤海普通學校)를 설립하고 교장이 되어 교육에 정열을 쏟았다. 발해보통학교는 이후 조선인민회로 넘어가 동경성보통학교로 개칭하였다.

동경성보통학교 제1회 졸업식(1937)

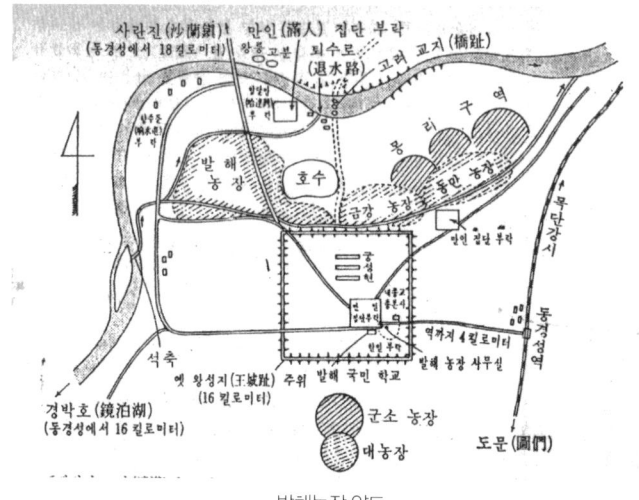

발해농장 약도

 이무렵 안희제는 한인 이주민의 지도자로 발해농장의 농장주로 농지 개간사업에 심혈을 기울이는 듯하였으나 실상은 국외 독립운동기지로 건설한 발해농장을 은폐하기 위한 방편으로 위장하였다. 국내에서 망명하거나 도피하여 각처에 흩어져 있던 독립운동가들이 동경성으로 모여들자 안희제는 비밀리에 이들과 연락망을 구축해갔다. 밀산방면에서 종교인으로 위장하여 활동하고 있던 안희제는 대종교총본사를 동경성으로 이전하게 하는 한편, 대종교 제3세 교주 윤세복과 그의 아들 윤필한(尹弼漢)을 비롯한 대부분의 대종교 간부들을 대동청년단에 입단시켰다. 또한 서일(徐一)의 유족과 최관(崔冠)을 농장 지배인으로 하여 당시 목단강을 사이에 두고 발해농장의 건너편 와룡둔(臥龍屯)에 숨어서 활동하던 중국 마적들과 비밀리에 교섭을 하면서 독립군과 극비리에 연락을 취하여 항일무장투쟁을 준비해 나갔다. 발해농장은 표면적으로는 농지개간사업을 하는 농장이었으나 실은 국외독립운동기지였다.

1917년 10월 발해농장을 방문했던 최남선은 안희제와의 대화를 통해 발해농장에 대해 다음과 같이 언급하였다.

> 백산(白山)의 동경(東京) 개척담을 들었다. 백산이 약관으로부터 뜻을 북수(北陲)에 두고 풍운을 비예(睥睨)하기 수십년에 내지백전(內地百戰)의 여용(餘勇)을 북채질하여, 만주사변 직후에 철도도 없고 비환(匪患)이 심한 여기를 착목분입(着目奮入)한 것은 미상불 비장한 결심이었다. 지우 지우(知友)의 간에는 그 생로소수(生路素手)임을 위태로이 생각한 이도 있었지마는, 이래(爾來)다년에 겸저부구겸저부구의 노고를 쌓아서, 인수(引水)40리, 개답수백향(開畓數百饷) 공정(功程)을 마치고, 그보다도 더 동경(東京)일대 조선화의 부동저초석(不動底礎石)을 놓아서, 그공이 불후에 드리우게 된 것은 백산(白山) 뿐아니라 우리 지우(知友)들까지 여행(餘幸)으로 느낄 일이다. 나는 진실로 백산백산의 의도가 구구한 농토에 있지 않음을 깊이 알며, 또 가졌음을 짐작도 하거니와, 그런대로 발해농장의 이만한 취서(就緒)가 백산(白山)일생 사업 중의 일 성공임을 나는 기뻐

하지 아니할 수 없다. 백산(白山)의 말을 듣건대 발해농장은 그만쯤 하여 자본주(資本株)에게 내어주고, 북만(北滿) 농사의 근본도장(根本道場)과 같은 것을 또 하나 만들어 볼 생각이라 한는데, 그동안의 귀중한 체험이 이 신계획에 힘과 영광되기를 나는 축복치 아니치 못하였다.

 최남선과의 대화를 통해서 알 수 있듯이 안희제는 발해농장을 안정시킨 후 또 다른 농장 즉, 국외독립운동기지 건설을 위해 경주하고 있음을 알 수 있다.

제9장

대종교에 귀의하다

 한민족독립운동사에서 대종교가 중요한 역할을 한 것은 간과할 수 없는 역사적인 사실이다. 대종교는 단군신앙을 바탕으로한 민족종교로 일제침략에 대항한 항일투쟁에 괄목할만한 업적과 성과를 남겼다. 또한 한민족독립운동의 구심체로서 역할하였고, 대부분의 독립운동 지도자들이 대종교 교도였다는 사실만 보아도 대종교가 독립운동선상에서 차지하는 위상을 가히 짐작할 수 있다. 대종교 중심인물은 교조 나철(羅喆), 2대 교주 김교헌(金敎獻)과 함께 대종교 삼종사로 불리우는 서일(徐一)이다. 그 외에도 3대 교주 윤세복(尹世復)을 비롯하여 이동녕(李東寧)·신규식(申圭植)·이상설(李相卨)·김두봉(金枓奉)·박찬익(朴贊翊)·박은식(朴殷植)·신채호(申采浩)·김좌진(金

佐鎭)·이범석(李範奭)·홍범도(洪範圖) 안희제 등 대다수의 독립운동 지도자들이 대종교인이었다. 대종교의 조국광복을 위한 활동은 일제에 의해 말살되어 가는 민족정체성을 회복하고 유지해 나가는 밑바탕이 되었다.

일제의 탄압으로 국내에서 활동이 어렵게 되자 대종교는 만주로 진출하여 교세확장을 위한 포교활동을 전개하였다. 1910년 10월에 북간도지사를 설치하였고, 같은해 11월 6월에는 박찬익을 앞세워 청산리에 시교소를 두었다. 1911년 6월에는 화룡현 학성촌을 중심으로 활발한 포교활동을 펼쳤고, 특히 1912년에는 나철을 중심으로 박찬익·박승익·심근·현천묵·백순·조창용·기길(나철의 부인) 등이 백두산 북쪽 화룡현지역을 중심으로 대대적인 포교활동을 전개하였다. 나철은 1914년 5월 13일 만주 화룡현 청파호로 대종교총본사를 이전하였다. 백두산 북쪽 기슭에 대종교 거점을 마련한후 포교를 위한 교구개편을 단행하였다. 백두산을 중심으로 동·서·남·북의 4개 교구와 중국·일본·구미지역을 관장하는 외도교구 등 5개의 교구를 설치하였다. 남도교구는 한반도 전역, 서도교구는 남만주에서 중국 산해관까지, 동도교구는 동만주 일대와 노령 연해주지역, 북도교구는 북만주지역 일대를 관할하였다. 이러한 교구설정은 교세확장은 물론 더나아가 해외 독립운동 그중에서도 중국에서의 독립운동 거점을 마련하기 위함이었고 사실상 국외 독립운동기지로서의 역할을 하였다.

제2세 교주 김교헌은 대종교 교조 나철이 순교한 이듬해인 1917년 만주 화룡현 대종교총본사로 망명하여 교단정비와 교적 간행등 교세확장에 주력하였다. 김교헌은 독립운동을 추진해 가는 동시에 교단의 하부조직인 시교당(施教堂) 설치와 학교설립에 심혈을 기울였다. 일요일마다 애국지사들이 대종교당에 모여 '한얼노래'를 드높이 부르면서 단군영정에 예배를 올렸다. 교인들은 배달민족의 역사와 대종교 교리를 배우면서 민족독립과 조국광복을 위해 활동할 것을 맹세하였다. 민족의식·국가의식 함양과 함께 유구한 우리역사를 통하여 한민족이라는 자부심도 고취하였다. 김교헌 교주시기인 1916~1923년에는 대종교 신도수가 30만 명이 넘었다. 당시는 대종교 교세가 확장되고 발전한 전성기였다.

김교헌과 함께 대종교 교세확장에 큰역할을 한 인물이 서일이다. 서일은 1912년에 입교하였는데 포교활동에 매진하여 대종교에 입교한 지 불과 3년 만에 수만 명의 신자를 확보하였다. 서일이 단기간내에 많은 대종교 신자를 확보할수 있었던 것은 함경도 출신이었기 때문이었다. 1910년대 초기

만주 이주한인들의 출신지별 통계를 보면 함경북도 출신이 압도적인 다수를 차지하고 있다. 함경북도 출신인 서일과 고향이 같다는 동향심리로 만주로 이주한 수많은 함경도 출신 농민들의 절대적인 신뢰가 작용하여 대종교 포교활동이 큰 성과를 거두게 되었다. 그리하여 서일은 대종교 동도본사의 책임과 함께 대종교 전강(典講)의 중책을 맡는 등 대종교에서 핵심적인 인물로 영향력을 발휘하였다. 1919년 김교헌이 교통을 전수하고자 하였으나 서일은 무장투쟁에 전념하기 위해 5년간 유보하기로 하였다.

대종교 제3세 교주 윤세복 역시 대종교 전파에 적지 않은 공을 세웠다. 1911년 만주 환인현으로 망명하여 대종교 정신으로 동창학교(東昌學校)를 설립하여 신채호·박은식 등과 함께 민족교육에 전념하였다. 윤세복은 1914년 일제의 탄압으로 무송현으로 이주한 후에도 20여 개교의 소학교를 설립하였다. 또한 흥업단(興業團)·대한국민단(大韓國民團)·광정단(匡正團)·독립단(獨立團) 등 독립운동 전초기지를 건설하여 7천여 명의 대종교도를 확보하여 규합하였다. 1923년 대종교 제3세 교주로 취임한 후에는 안희제와 함께 발해농장 건설에 앞장섰다.

1934년 안희제는 대종교총본사가 동경성으로 옮겨오자

대종교 3세 교주 윤세복과 아들 윤필한(尹弼漢) 등 대종교 간부들을 대동청년단에 가입시켰다. 안희제는 1911년 10월 3일 대종교에 입교하였는데 1934년 이후에는 대종교총본사에서 본격적으로 활발한 활동을 하게 된다. 윤세복 교주는 1934년 1월 하얼빈으로 가서 대종교재만주시교권인허신청을 만주에 주재한 일제의 전위기관인 관동군특무기관·하얼빈총영사·조선총독부특파원에서 교섭하여 대종교 포교활동에 대한 양해를 받아 하얼빈시에 대종교선도회를 설치하고 이어서 안희제가 영안현 동경성에 대종교총본사 현판을 달았다.

대종교 하얼빈선도회가 일본 당국으로부터 포교에 대한 허가를 받은 뒤 추진한 사업은 교적(敎籍)을 간행한 일이었다. 대종교 교적간행사업에 섭외활동은 강철구(姜鐵求)가 맡았고, 안희제는 재정을 담당하였다. 강철구는 1939년 7월에 중국 신경정부와 교섭하여 교적 간행에 대한 승인을 얻어 간행회를 조직하였고, 안희제는 교적 간행에 필요한 비용을 마련하기 위해 많은 성금을 내는 한편 여려 교우들에게 성연금을 모아 그 다음해인 1940년 『홍범규제(弘範規制)』 5백부, 삼일신고(三一神誥)』 2천부, 『신단실기(神檀實記)』 1천부, 『종례초략(倧禮抄略)』 2천부, 『오대종지강연(五大宗旨講演)』 3천부, 『종문지남(倧門指南)』 2천부, 도합 1만 5백부를 만주 연길현에서 출

대종교 『교보』

판하였다. 다음해인 1941년에는 신가집(神歌集) 『한얼노래』 4천부를 서울에서 출판하였다. 이후 서울에서 출판한 신가집 노래책은 당시 화동(花洞)에 살고 있던 이극로의 집에 감추어 두었다가 해방후에 찾았고, 만주에서 출판한 1만 5백여 권의 교적은 1942년 임오교변 당시 일본 경찰에 압수당하고 말았다.

안희제는 1934년 3월 15일 대종교 영계(靈戒)에 기수(祇受)하고, 1935년 1월 15일 대종교 참교(參敎)로 피선되고, 1936년 6월 23일에는 대종교 지교(知敎)와 경의원부원장(經議院副院長), 1941년에는 대종교 상교(尙敎)로 승질(陞秩)하게 되고 대종교서적간행회(大倧敎書籍刊行會) 회장(會長)으로 특임되었다. 대종교 교인의 서열은 1911년 교직(敎職)이라 했는데 교질(敎秩)로 용어가 정착되어 오늘에 이른다. 참고로 교질은 대종교 교인의 교력(敎歷)을 나타내는 영전(榮典)으로, 사교(司敎)·정교(正敎)·상교(尙敎)·지교(知敎)·참교(參敎)의 서열로 되어있다.

당시 대종교서적간행회에서 출판된 서적은 『홍범규제(弘範規制)』·『삼일신고(三一神誥)』등 8종으로 발행부수는 3만 5천부 정도였고, 매년 4회에 걸쳐 『교보(敎報)』도 간행하였다. 1942년 3월 대종교총본사에서는 발해고궁지에 천진전 건축을 추진하였는데 안희제는 다음날 4월 신병치료를 위해 귀향하였다. 안희제는 1942년 10월 천진전건축주비회 총무부장으로 임명되었다. 그해 10월 3일 개천절 동경성에는 국내외 각지에서 많은 교우들이 모여 개천절 경축식을 거행한 후 임시협의회를 개최하고 천진전건축준비사무를 협의하였는데 대종교의 교세가 나날이 확장되어 민족의식 고취 및 독립운동세력으로 발전하자 위협을 느낀 일제는 1942년 11월 19일 국내외의 대종교 간부들을 체포하고 탄압하였다. 당시 21명의 대종교 간부가 체포되었으며 그중 10명이 순국하였다.

임오교변으로 순국하다

한국근대민족운동사에서 대종교·천도교·기독교·불교 등 종교계가 중요한 역할을 한 것은 간과할 수 없은 사실이다. 그중에서도 특히 대종교는 단군 신앙을 바탕으로 한 민족종교로 일제침략에 대항한 항일투쟁에서도 괄목할 만한 업적과 성과를 거두었다. 1909년 1월 15일 나철(羅喆)·오기호(吳基鎬)·정훈모(鄭薰模)·이기(李沂)·김인식(金仁湜)·김윤식(金允植) 등 뜻을 같이 하는 동지들과 함께 서울 재동(齋洞)에 모여 「단군교포명서(檀君敎佈明書)」를 선포하고 단군교(檀君敎)를 중광(重光)하여 단군신앙을 다시 일으켰다. 그러나 일제의 탄압을 피하기 위하여 1910년 교명을 대종교(大倧敎)로 개칭하였다. 대종교는 일제의 한국강점으로 국내에서의 활동이 어렵게 되자 일제의 감시와 탄압을 피해 중국 길림성 화룡현 삼도구 청파호로 대종교총본사를 이전하고 포교활동을 통한 항일투쟁을 전개하였다. 또한 대종교는 서간도일대에 1922년에서 1923년 사이에 만주지역에 34개소, 국내에 6개소, 노령지역 3개소, 중국 본토 3개소 등 총 46개소의 시교당을 설립하고 박달학원(博達學園)·동창학교(東昌學校)·백산학교(白山學校) 등을 설립하고 민족교육을 실시하였다. 아울러 대종교인이 중심이 되어 수많은 독립운동단체를 조직하여 활동하였는데 대표적인 단체로는 중광단(重光團)·정의단(正義團)·북로군정서(北路軍政署) 등을 들 수 있다.

1910년대 대종교도가 주도한 독립운동 중심지는 북간도 왕청현(汪淸縣) 일대였다. 왕청현에서는 대종교 동도본사 책임자인 서일(徐一)이 중광단을 조직하고, 독립정신 함양과 군사교육에 진력하였다. 1918년 제1차 세계대전이 종료된 후, 중국에 망명중인 독립운동지도자들이 연명하여 대한독립선언서(大韓獨立宣言書, 일명: 무오독립선언서戊午獨立宣言書)를 발표하였는데 서명인사 39인 대부분이 대종교도였다. 서일은 중광단을 토대로 정의단으로 확대한 후 북로군정서로 발전시켜 나갔다. 북로군정서는 북만주지역 한인무장투쟁 활동의 중심이 되었고, 북로군정서 독립군 병사의 대다수는 대종교도였다. 이로써 대종교는 항일독립전쟁의 이념적 기반으로 자리매김 되기에 이르렀다. 1920년 10월 북로군정서는 서일의 지휘아래 김좌진(金佐鎭)·이범석(李範奭)·나중소(羅仲昭) 등의 지휘하에 청산리대첩(靑山里大捷)의 전과를 거두었다. 이어서 대종교도 독립군들은 1925년 신민부(新民府)를 결성하여 민정과 군정을 아우른 한인자치정부 성격을 띤 독립군단을 성립시켰다. 대종교는 독립운동을 위한 종교 또는 조직으로 인식될 정도로 한민족독립운동에 크게 기여하였다. 독립운동지도자들 가운데 대종교 관련인사가 상당수 있었다. 대종교 교조 나철, 2대 교주 김교헌(金敎獻), 3대 교주 윤세복(尹世復)을 비롯하여 서일·신규식(申圭植)·박은식(朴殷植)·신채호(申采浩)·이동녕(李東寧)·이시영(李始榮)·이상룡(李相龍)·김좌진·유동열(柳東悅)·이범석·홍범도(洪範圖)·이상설(李相卨)·박찬익(朴贊翊)·김승학(金承學)·조성환(曺成煥)·조완구(趙琬九)·황학수(黃學秀)·김두봉(金枓奉)·안희제·서상일 등을 들 수 있다. 국외에서 활동하던 독립운동가 대부분이 대종교 교도였다는 사실만 보아도 대종교가 독립운동선상에서 차지하는 위치를 짐작할 수 있다.

일제는 대종교를 종교단체로 인정하지 않았고 철저하게 대종교 활동을 탄압하였다. 1915년 국내에서 '대종교 포교금

지령'이 내려진 이후 국내에서의 대종교 활동은 거의 불가능하게 되었다. 일제가 1915년 10월 1일 조선총독부령 제83호로 발포한 「포교규칙」에 의해 대종교는 사실상 종교활동이 중단 상태에 빠졌다. 대종교는 포교뿐만 아니라 사사로운 집회나 강연 따위도 일체 금지되었다. 대종교가 대동청년단·조선국권회복단·귀일당(歸一黨)·동원당(東圓黨)·자유공단(自由公團)·조선어학회·해원도(解冤道) 등과 같이 철저하게 비밀결사 단체로 활동한 것도 이러한 배경과 관련이 있다.

1910년 경술국치 이후 일제의 감시와 탄압으로 국내에서의 포교활동이 금지되자 대종교 교조 나철은 동지들과 함께 1911년 7월 21일 서울을 출발하여 강화·평양을 경유하여 두만강을 건너 백두산 북록 청파호를 답사한 후 중국 길림성 청파호로 대종교총본사를 이전하였다. 대종교가 중국으로 총본사를 이전한 후 교세가 확장되어 대종교 교도수가 30만 여명에 달하였다. 대종교가 중국으로 총본사를 이전한 후 만주지역 독립운동을 주도하고 교세를 떨치자 일제는 중국의 동북군벌정권과 결탁하여 대종교 탄압을 모색하였다. 1925년 만주지역의 항일독립운동을 차단하기 위해 맺어진 '삼시협정(三矢協定)'에 의해 길림성장 겸 독군이었던 장작상(張作相)은 1926년 만주지역에 대종교 포교금지령을 내렸다. 1929

년 이 금지령이 해제될 때까지 대종교총본사는 만주의 각지를 전전하면서 철저히 은둔해야만 하였다.

대종교 3세 교주 윤세복은 일제와 중국 동북군벌의 대종교에 대한 탄압으로 인한 침체를 타파하기 위해 1943년 1월 대종교 재만주시교권 인허신청을 만주에 주재한 일제의 전위기관인 관동군특무기관·하얼빈총영사·조선총독부특파원 등과 교섭하여 대종교 포교를 양해받았다. 그리하여 대종교선도회를 하얼빈시에 조직되고 안희제에 의해 영안현 동경성에 대종교총본사 현판을 걸고 포교활동을 재개하였다. 일제의 대종교 포교허가는 이를 계기로 대종교 중심인물을 표면적으로 드러나게 함으로써 대종교를 근본적으로 폐쇄시키고자 하는 회유책이었다. 윤세복을 위시한 대종교 지도자들은 대종교 포교 의지가 앞선 나머지 이러한 일제의 교활하고 잔인한 의도를 간파하지 못하였다. 일제는 대종교에 대한 내사와 감시를 강화하고, 대종교총본사에 교인을 가장한 일제의 밀정을 잠입시켜 대종교 간부들의 동향을 정탐하였다.

일제는 1942년 중일전쟁과 태평양전쟁을 일으켜 제국주의 침략 야욕을 전개하였다. 그리하여 북만일대에 항일민족세력을 척결하지 않으면 안되었다. 북만지역에서 일제가 주목한 점은 첫째, 길림성 영안현 동경성내에 있는 대종교계 3·1

학원의 민족교육 둘째, 안희제의 발해농장의 경제활동 셋째, 발해국 궁궐터에 대종교 교당 천진전과 대종학원 설립 넷째, 일제 밀정들의 대종교 지도자 언행에 대한 조사보고 등이다.

임오교변은 1942년 11월 19일 일제가 대종교를 중국동북지역 독립운동의 총본산으로 규정하고 대대적으로 탄압한 사건이다. 임오교변으로 중국동북지역과 국내에서 제3세 교주 윤세복·안희제·이용태 등을 비롯하여 21명의 대종교 간부들이 동시에 검거되었으며 대종교총본사의 각종 비품과 서적을 압수 당하였다. 일제가 체포한 대종교 간부 21명중에서 10명은 일제의 혹독한 고문과 악형으로 1943년 5월부터 1944년 1월 사이에 모두 순국하였다.

임오교변 당시 국내에서는 조선어학회사건이 일어나 순수한 한글연구마저 독립운동으로 간주되어 한글학자들이 대대적인 탄압을 받고 체포되었다. 임오교변이 일어나게 된 직접적인 동기는 당시 서울 조선어학회에서 활동하던 이극로가 대종교 3세 교주 윤세복에게 보낸 편지에 동봉된 「널리펴는 말」이란 제목의 원고를 일제가 검열과정에서 조작하여 일으킨 것이다. 임오교변은 조선어학회사건의 연장선에서 일어났으며 전시체제하에서 일제가 국내외 독립운동세력을 대대적으로 탄압한 사건이다.

대종교는 중광당시부터 종교적 성격과 함께 구국운동의 성향을 강하게 띠고 있었다. 대종교의 이러한 성향은 대종교 중광교조인 나철이 구국운동 과정에서 단군교에 입교하여 정신적 재건을 통한 독립운동 방략을 제시하였고 그의 순명을 계기로 중국동북지역 항일무장투쟁이 본격화된 점에서 잘 알수 있다. 나철은 국권수호를 위해 다방면에 걸쳐 활동을 전개하였으나 여의치 않아 고민하던 중 민족주체성을 확립하고 주권을 수호하기 위해 1909년 단군교를 중광하였다. 다음해인 1910년 8월 5일 대종교로 교명을 바꾸고 포교활동을 통한 구국운동에 매진하였다. 나철은 국권회복을 위한 새로운 방략으로 한국 고유의 민족종교를 창시하고, 자주독립 사상을 고취하여 이를 통해 구국운동을 전개하고자 하였다. 우리 민족종교는 그 원류가 단군조선에서 계승되어 부여에서 대천교(代天敎), 신라에서 숭천교(崇天敎), 고구려에서 경천교(敬天敎), 발해에서 진종교(眞倧敎), 고려에서 왕검교(王儉敎)로 전승되어 오다가 몽고의 침략으로 고려 원종때부터 단절되었다. 나철은 단절된 한국 고유의 민족종교 '중광'을 통해 자주 독립 사상을 고취하고 일제의 침략으로부터 국권을 수호하기 위해 단군교를 중광하였다. 일제강점하 구국을 위한 대종교의 항일운동은 대종교 중광의 주체인 나철의 '國

雖亡而道可存(나라는 비록 망했으나 정신은 가히 존재한다)'라는 정신적인 각성이 구심점이 되었다. 대종교인이 중심이 되어 수많은 독립운동단체를 조직하여 활동하였는데 1911년 중광단(重光團)을 효시로 정의단(正義團)·북로군정서(北路軍政署)·신민부(新民府)·서로군정서(西路軍政署) 등을 들수 있다. 대종교는 일제의 감시와 탄압을 피해 1914년 중국 길림성 화룡현 청파호로 대종교총본사를 이전한 후 포교활동을 통한 항일운동을 전개하였다. 아울러 서간도 일대에 시교당을 설립하고 박달학원·동창학교(東昌學校)·백산학교(白山學校)·대종학원(大倧學院) 등을 설립하여 민족교육을 실시하였다. 나철은 교단을 정비하고 서울로 돌아와 남도교구에서 교단조직과 포교활동을 전개하였다. 그러나 1915년 조선총독부는 대종교를 종교가 아닌 항일독립운동단체로 규정하고 남도본사를 강제 해산하였다. 이에 나철은 일제의 간악한 탄압과 만행을 보고 견딜 수가 없어서 서울에 있는 남도본사 천진전을 떠나 1916년 8월 15일 구월산 삼성사에서 유서를 남기고 순국하였다.

1941년 12월 8일 전시체제하에서 만주국은 전시법령을 더욱 강화하였다. 같은해 12월 27일 '치안유지법'을 공포하여 "국체를 부정하거나 국체 변혁을 목적으로 결성된 단체 또는 단체의 모임에 참가하거나 지도하는 자, 단체의 요직을 장악한 자는 사형 또는 무기형에 처한다"하여 사상검열 수위를 높였다. '불령선인'에 대해서는 사형까지 가능하도록 하였다. 만주국은 문명에 기초한 법치주의를 표방하였음에도 군대와 경찰에게 '임진격살(臨陣格殺)'이라는 권한을 부여하였다. '임진격살'이란 일본군이나 일본경찰이 불령선인을 체포할 때 당시 "재량에 따른 조치"를 할 수 있다는 것이다. 만주국에 적대시한다고 판단되는 경우 그 자리에서 사살할 수 있는 권한을 말한다. '임진격살'는 만주국 건국 직후인 1932년 9월 제정된 '잠행징치도비법(暫行懲治盜匪法)'에서 규정한 것인데 '치안유지법'이 공포된 후에도 그 효력을 유지시켰다.

문화통제도 더욱 심해졌다. "일본어는 일만(日滿) 일덕일심(一德一心)의 정신에 기초한 국어의 하나로 일본어 습득은 모든 학교에서 필수이며 장래에 만주국에서 공통어는 일본어로 통일되어 있다"라며 일본어 사용을 강요하였다. 종교에서 황민화는 더욱 심했다. 1945년까지 295개나 되는 신사가 건립되어 참배를 해야 했고 그 앞을 지날 때면 탈모와 최경례가 강요되었다. 학교 교정에도 건국신묘와 건국충령묘를 만들어 아침저녁으로 참배하고 천황제를 모방한 신앙을 강요하였다. 그러나 개별 종교활동은 만주국도 법적으로 인정하였기 때문에 원천적으로 금지할수는 없었다.

이러한 상황에서 일제는 대종교의 종교활동을 금지시킬 명분과 구실을 만들었다. 1942년 일제는 조선어학회 사건을 일으켜 회원들을 검거하는 과정에서 이극로와 윤세복 사이에 오고간 편지를 발견하였다. 일제는 이 편지를 구실로 조선어학회에 대한 탄압을 강화하는 한편 대종교 간부 전원을 체포하고 대대적인 탄압을 자행하였다. 이를 임오교변이라고 한다. 『대종교중광60년사』에는 임오교변에 대해 일제의 검거선풍, 순교십현에 대한 약술, 그리고 순교십현의 옥고와 수형, 추모, 옥중저술 등 대부분 순교십현에 대해 기술하고 있다.

임오교변 발생 배경을 당시 대종교측과 조선어학회 상황을 통해 살펴보자. 당시 대종교는 1937년부터 대종교 시교당 건립과 대종교 교인이 늘어나자 대종교 제3세 교주 윤세복은 동경성내 대종학원 건립과 천진전건축주비회를 구성하였다. 1942년 가을 윤세복은 민족교육을 강화하기 위해 조선어학회 이극로에게 「단군성가(檀君聖歌)」의 작곡자 주선을 의뢰하는 편지를 보냈다. 일제는 윤세복이 이극로에게 보낸 편지를 구실삼아 조선어학회 회원들을 검거하고 탄압하였다. 조선어학회에서 활동했던 이인은 이사건을 다음과 같이 회고하였다.

"…꾸며내기로 마음먹은 일경이 그대로 물러 설리는 없다. (중략) 일경(日警)은 모든 서류 서적은 물론이요. 애써 모은 원고까지 압수하였으나 꼬투리를 잡을 게 없자 고루(皐陋)의 책상 앞에 있던 편지 한 통을 문제 삼았다. 이 편지는 만주의 발해고도 동경성에서 윤세복(尹世復)이 보낸 것이었다. 윤세복은 단군을 받들어 민족혼을 부식하자는 대종교를 일으켰다가 만주로 쫓겨나 있었는데 거기서 작사했다는 「단군성가(檀君聖歌)」를 어학회로 보내 작곡 주선을 의뢰했다. 일경은 모두 「단군성가」를 가지고 조선독립을 하자는 것 아니냐고 들고 오니, 이해 10월 1일에는 어학회의 이중화·장지영·한징·이윤재·최현배·이극로·이희승·정인승·권승욱·이석린 등 11명을 일제히 검거하여 홍원(洪原)으로 끌고 갔다."

「단군성가」는 대종교총본사에서 발간한 『한얼노래』집에 수록된 여러개의 가사를 묶은 것이다. 『종문지남』과 『교보』에는 한글가사의 「가곡집(歌曲集)」이 있는데 이 노래들을 나철·서일·최남선·이극로가 직접 지은 것들이다. 윤세복은 이 가사들에 곡을 붙여 부르기 위해 이극로에게 작곡자 주선을 의뢰하는 편지를 보냈다. 일제는 이 노랫말들이 민족혼을 불러 일으키며 조선독립과 독립정신을 고취하는 가사로 규정하고 조선어학회 회원 11명을 구속하였다. 이어 일경은 검열과정에서 이극로가 윤세복에게 보낸 편지에서 「널리펴는 말」이라는 제목의 글을 발견하였다. 「널리펴는 말」 전문은 다음과 같다.

천운은 빙빙 돌아가는 것이라 한번 가고 다시 오는 법이 없다. 날마다 낮이 가면 밤이 오고 밤이 가면 낮이 오며, 또 춘하추동 4철은 해마다 돌아온다. 이와같이 영원토록 돌아가고 돌아오는 법이 곧 한얼님의 떳떳한 이치다.

이런 순환하는 천리에서 인간 사회의 변천도 끊임없이 생긴다. 부자가 가난하여 지고 가난한 사람이 부자가 되며, 귀한 사람이 천하여지고 천한 사람이 귀하여진다.

동방에는 밝은 빛이 비치었다. 이는 곧 대종교가 다시 밝아진 것이다. 한동안 밤이 되니 지나던 대종교가 먼동이 튼지도 30여 년이 되었다. 아침 햇빛이 땅위를 비치어 어둠을 물리치는 것과 같이 대종교의 큰 빛이 캄캄한 우리의 앞길을 비치어 준다.

어리석은 뭇사람은 제가 행하고도 모르며 또 모르고도 행한다. 직접으로는 만주 대륙과 조선 반도를 중심하여 여러 천만 사람이 대종교의 신앙을 저도 모르는 가운데 아니 믿는 사람이 없고, 간접으로는 이웃 겨레들도 이 종교의 덕화를 받지 아니한 이가 없다.

삼신(三神)이 점지하시므로 아이가 나며, 삼신이 도우시므로 아이가 자란다고 믿고 비는 일이 조선의 풍속으로 어디나 같다.

이 삼신은 곧 한임·한웅·한검이시다. 황해도 구월산에는 3성사가 있고, 평양에는 숭령전이 있고, 강화도 마니산에는 제천단이 있다. 발해 시대에는 태백산에 보본단을 쌓고 해마다 제사를 지내었다.

이와 같이 삼신을 믿고 받들어 섬기는 마음은 여러 천년 동안에 깊이 굳어졌다. 시대와 곳을 따라 종교의 이름은 바뀌었으나, 한얼

님을 섬기고 근본을 갚아 사람의 도리를 지키는 교리만은 다름이 없고 변함이 없다.

종교는 믿는 마음으로만 되는 것은 아니다. 일정한 형식을 갖추어야 되며, 또 형식은 존엄을 보전할 만한 체명을 잃지 아니하여야 된다. 사람의 이상은 소극적으로 지키는데 있는 것이 아니라 적극적으로 나아가는 데 있다.

그런데 이제 우리의 체면을 유지할 만한 천전과 교당도 가지디 못하였으며, 또는 교회의 일꾼을 길러 낼 만한 교육 기관도 없다. 이는 우리에게 그만한 힘이 없는 것도 아니요, 성력이 아주 부족한 것도 아니다. 그 동안에 모든 사정이 우리의 정성과 힘을 다 발휘할 기회를 얻지 못하였던 까닭이다.

그런데 이제는 때가 왔다. 우리는 모든 힘을 발휘하여 대교의 만년 대계를 세 우고 나아가야 된다.

이 어찌 우연이랴! 오는 복을 받아들이지 아니하는 것도 큰 죄가 되는 것을 깊이 깨달아야 된다. 만나기 어려운 광명의 세계는 왔다. 반석 위에 천전과 교당을 짓자! 기름진 만주 벌판에 대종학원을 세워서 억센 일꾼을 길러내자!

우리에게는 오직 희망과 광명이 있을 뿐이다.

일어나라! 움직이라!

한배검이 도우신다.

개천 4399년 9월 5일

이극로의 글 「널리펴는 말」은 당시 국제정세를 볼 때 태평양전쟁을 일으킨 일제의 패망을 단언하면서 우리레게 조국 광복의 희망이 있으니 이 기회를 놓치지 말고 적극적으로 항일역량을 높여야 한다는 암시가 담겨 있다. 이극로는 대종교가 천진전과 교당을 갖지 못하고 교육기관도 갖추지 못한 것은 "우리에게 그만한 힘이 없는 것도 아니오. 성력이 아주 부족한 것도 아니다. 그동안에 모든 사정이 우리의 정성과 힘을 다 발휘할 기회를 얻지 못하였던 까닭이다."면서 우리민족이 힘을 발휘하지 못하는 것은 일제의 억압과 민족차별에 따른 탄압에 있음을 지적하였다. 이극로는 "사람의 이상은 소극적으로 지키는데 있는 것이 아니라 적극적으로 나아가는데 있다."하여 한배검(단군)의 역사의식으로 일제의 식민통치에 적극적으로 대응하며 독립운동을 전개할 것도 주문하였다.

일제는 이극로의 글에서 항일의지와 봉기를 독려하는 점을 간파하였다. 단정하였다. 그리하여 이 글의 마지막 구절 "일어나라 움직이라"를 "봉기하자 폭동하자"로 고치고 글제목도 「널리펴는 말」을 「조선독립선언서」로 날조하여 대종교 간부들을 체포하는 구실로 삼았다.

일제는 조선어학회사건 「판결문」에서 "이극로는 어렸을 때 서당에서 한문을 배우고 사립 초등학교 고등과 1년을 수

료후 17세경 만주로 건너가 통화현 및 무송현 등지에서 교육을 받은 자로 만주에 있을 당시 조선인 간에 팽창한 강한 민족적 반일적 분위기에 물들고 또 박은식, 윤기섭, 신채호 등과 같은 저명한 민족주의자와 접촉하여 그 교양감화를 받고 또한 민족적 종교인 대종교에 입교하여 3세교주 윤세복의 교양을 받아 민족의식이 더욱더 치열해지고 조선의 독립을 열망하게 되어 조선독립운동에 일생을 바쳐 그 지도자가 될 것을 마음먹고 대정 4년(1915년)경 상해로 건너가 독일인 경영 동제대학(同濟大學)에 입학하고 대정 9년(1920년) 동 학교 본과 공과 1년을 중도 퇴학하고 대정 10년(1921년) 상해파 고려공산당의 영수인 이동휘가 이시파(伊市派, 이르쿠츠크파) 고려공산당하의 분쟁을 해결하려고 국제공산당의 지시를 받기 위하여 노도(露都, 러시아수도)를 향하여 떠날 때 동인과 동행하여 이 기회에 독일로 들어가 대정 11년(1922년) 백림(伯林, 베를린)대학(大學) 철학부에 입학하여 공업경제를 전공하는 일방 인류학, 언어학을 연구하여 소화 2년(1927년) 철학박사의 학위를 얻고 동대학을 졸업하고 소화 4년(1929년) 1월경 귀국하였는데 백림대학 재학중 1927년 백이기(白耳義, 벨기에) 수도 브뤼셀에서 개최된 제1회 세계약소민족대회에 조선대표로 출석하여 총독정치의 즉시 중지를 절규하고 조선독립을 위하여 분투한 바 있고 귀국 도중에 미국 하와이에서 조선독립운동의 거물 이승만, 서재필 등과 조선독립운동의 금후의 방침에 대하여 의견을 교환하고 귀국 후는 민족적 종교로서 대종교와 몰래 관계를 가져 그 제4세 교주의 촉망을 받은바 있는 자이다."고 하여 징역 6년을 언도하였다.

조선어학회사건은 1942년 10월부터 일제가 조선어학회 회원과 관련자를 검거하여 재판에 회부하고 실형을 선고하여 한글운동을 탄압한 사건이다. 일제말기 일제는 각급학교와 공식 회합에서 조선어 사용을 금지하는 한편 1942년 『조선어큰사전』 편찬작업을 추진하던 조선어학회를 해체시키기 위해 함흥학생사건을 조작하여 조선어학회 회원들과 동 사업에 협조한 인물들을 대거 검거하였다.

일제의 대종교 탄압은 1909년 단군교 중광 직후부터 일제 통감부 경시청의 감시를 시작으로 해서 1942년 임오교변으로 대종교 교세가 무너지기 까지 계속되었다. 1910년 경술국치 직후 대종교를 해산시키려 했던 일제의 음모를 백암 박은식은 다음과 같이 증언하였다.

> 경찰과 탐정하는 졸개들이 교직자(敎職者)의 미행을 잠시나마 그치지 않으며 또 까닭 없이 체포하는 경우가 많았다. 포교의 자유와

교당의 건설을 허가하지 않으며…교도들에 대한 주목은 날마다 심하여 갔다.

1911년에도 충청남도장관이었던 박중양(朴重陽)이 조선총독부 내무부장관 우사미 가쓰오(宇佐美勝夫)에게 보낸 질의에 대한 답변에서도 대종교를 불허하고 있다. 박중양이 「학도에 대한 대종교 권유 상활보고에 관한 건」이란 보고서에서 당시 대종교 「단군교포명서」와 「단군교오대종지포명서」를 통해 지역 학생들에게 국권회복을 선동하였다고 하였다. 이에 대해 조선총독부는 「본건에 대한 의견」을 통해 대종교를 기성종교인 신도(神道)·불교·기독교와 동일하게 취급할 수 없어 종교로 인정할 수 없다고 밝혔다. 일제는 대종교를 종교로 인정하지 않고 독립운동 단체로 지목하고 탄압하였다. 1915년 '대종교포교금지령'이 내려진 이후 국내에서의 대종교 활동은 불가능하게 되어 대종교총본사를 중국 화룡현으로 이전하였다.

1942년 11월 11일(음력 10월 3일) 대종교 간부들은 영안현 동경성 대종교총본사에서 개천절 행사를 거행하였다. 개천절 행사는 대종교 간부들이 모여 예식을 거행하고 천진전 건축을 위한 주비사무협의회에는 관할 목단강성 일본인 고위관

리도 참석하였다. 개천절 행사는 대종교의 가장 큰 행사로 지역 시교당 책임자와 교인들이 참석하는 대규모 행사였다. 대종교의 위세에 일본인 관리들은 위기를 느꼈다. 개천절 행사를 마치고 8일째 되는 날, 11월 19일 대종교총본사에 일본 경찰들이 들이닥쳐 대종교 3세 교주 윤세복을 비롯하여 대종교 간부 전원을 체포하였다.

중국동북지역과 국내에서 제3세 교주 윤세복·안희제·이용태 등을 비롯하여 21명의 대종교 간부들이 동시에 검거되었으며 대종교총본사의 각종 비품과 서적을 압수 당하였다. 대대적인 검거가 시작되어 검거장소도 중국동북지역의 신안진(新安鎭), 합이빈(哈爾賓, 하얼빈), 목릉(穆陵), 연안(寧安), 돈화(敦化), 밀산(密山), 동만과 남만지역은 연길(延吉), 반석(盤石), 장춘(長春), 영길(永吉) 등지와 국내이다. 당시 대종교 지도자들은 넓은 지역에서 동시에 체포되었고, 대종교총본사에서는 신간서적 2천여 권, 구존(舊存)서적 3천여 권, 천진(天眞) 및 인신(印信), 각종도서와 교단 서류 600여 종을 압수 당하였다.

국내외 대종교 간부 체포과정은 대종교 간부들을 일망타진하여 폐교시키려는 일제의 의도가 적나라하게 드러낸 무자비한 탄압이었다. 영안현에서 대종교 간부들의 체포광경을 직접 목격한 이인희(영안현 삼령향 남양촌 거주)는 당시 상황을 다음과 같이 증언하였다.

> 임오교변이 발생했을 때 날을 잡아서 천제를 지내고 음식을 썼는데 나의 할아버지(이수원)는 음식 탓인지 속이 불편하여 총본사를 나와 집으로 돌아왔다. 우리 집은 총본사에서 약 2백 미터 떨어져 있었는데 할아버지가 집으로 막 들어서려 할 때 동쪽으로부터 자동차가 오는 것이 보였다. 할아버지는 이상하다고 생각하면서 집에 들어섰다. 나는 평소에 할아버지와 같은 방에서 잤는데 그날은 할아버지가 오지 않아 뒤척이다가 깜빡 잠이 들었는데 마침 할아버지가 돌아오는 소리를 듣고 잠에서 깼다. 할아버지가 "이상하다. 새벽에 무슨 자가용이 올까?"라고 혼잣말을 하셔서 나는 자동차란 말에 호기심이 동해 밖으로 나가 보았다. 자동차는 총본사 뒷마당에 멈춰 섰고 일본경찰들이 뛰어 내리더니 총본사 안으로 마구 쳐들어갔다.

일본경찰은 대종교 간부들이 천제를 지내기 위해 모인 날 한밤중에 대종교총본사를 급습하여 간부들을 체포하였다. 아마도 대종교 내부사정을 잘 알고 있는 밀정 조만춘이 밀고한 것으로 보인다.

서일의 손자이며 서윤제의 아들인 서경섭의 증언에 의하면 그의 부친 서윤제, 고모부 최관도 대종교총본사에서 체포되었는데 그 후 일본경찰이 자신의 집으로 들이닥쳐 "책이란 책은 몽땅 마당에 꺼내놓았고 종이란 종이는 글씨야 있건 없건 모두 압수했으며 사진 한 장도 남기지 않고 빼앗아갔다"고 하였다. 또 다른 목격자 차경순은 체포현장의 살벌한 광경을 다음과 같이 전했다.

> 내가 보통학교 6학년 때 하루는 친구인 나종권의 집으로 시험공부 하러 간 적이 있는데, 일본 경찰들이 사람을 들어가게만 하고 나오지는 못하게 했다. 나는 영문도 모르고 안으로 들어가 보니 집 안에는 두루마기를 입은 네 명의 노인을 앉혀 놓았는데 머리에는 모두 검은 광주리를 씌어놓아 누구인지 분간할 수가 없었다. 경찰들은 부산하게 움직이며 수색을 하고 있었다. 일경들이 나를 가운데 앉히더니 꼬치꼬치 캐물었다. 나는 몇 번이고 학생이라고 했으나 나를 데리고 학교까지 가서 확인하고서야 놓아주었다. 일본경찰들은 대종교 간판을 떼간다. 대종교서적을 날라 간다. 하루 종일 야단법석을 떨었다.

일제는 대종교 지도자 윤세복·안희제 등 25명을 소위 '치안유지법위반'으로 검거하였다. 당시 체포된 25명의 명단은 다음과 같다.

성 명	검거일	검거장소
윤세복尹世復	1942. 11. 19	중국 영안현 신안진 기차내
김영숙金永肅	〃	중국 하얼빈 마가구
윤정현尹珽鉉	〃	중국 목릉현 흥원촌
이용태李容兌	〃	충북 제천군 백운면
최 관崔 冠	〃	중국 영안현 동경성

성 명	검거일	검거장소
이현익 李顯翼	1943. 4. 3	〃
이재유 李在囿	1942. 11. 19	중국 길림성 돈화현
권상익 權相益	〃	중국 밀산현 삼릉통
이 정 李 楨	〃	중국 영안현 신안진
안희제 安熙濟	〃	경남 의령군 입산리
나정련 羅正鍊	〃	중국 영안현 동경성
김서종 金書鍾	〃	중국 하얼빈시내
강철구 姜鐵求	〃	중국 연길현 동불사
오근태 吳根泰	〃	중국 영안현 와룡둔 고가자
나정문 羅正紋	〃	중국 영안현 동경성
이창언 李昌彦	〃	중국 영안현 구가촌
권영준 權寧濬	〃	함북 성진부
김진호 金鎭浩	〃	중국 길림성 반석현
김두천 金斗千	〃	중국 신경시대
서윤제 徐允濟	〃	중국 영안현 동경성
이성빈 李成斌	〃	중국 길림성 영길현
김진호 金鎭皓	〃	중국 영안현 동경성
안용수 安龍洙	〃	중국 영안현 신안진
성하식 成夏植	〃	경북 김천읍 부곡동
이종주 李鍾洲	〃	중국 영안현 신안진 기차내

일제는 1942년 11월 19일 각지에서 체포한 대종교 지도자 중에서 성하식·김진호·안용수·이종주 등 4명은 혐의사실이 없어 즉시 석방하였다. 일제는 영안현 경무과에서 특별취조본부를 설치하여 고문과 악형을 가하고 4개월 간 심문을 계속하였다. 권영준은 당시 72세의 고령으로 면소(免訴)되어 1943년 10월 1일 석방하였고, 김진호·김두천·이성빈·서윤제(서일의 맏아들) 등 4명은 교무무책(敎務無責)으로 1944년 4월 27일 목단강고등법원 제1호실에서 윤세복·김영숙·윤정현·이재유·이용태·이현익·최관(서일의 사위) 등 7명에 대한 공판이 개

최되어 윤세복은 4일간, 그 외 6명은 2일에 거쳐 심문하였다. 공판과정에서 일제측의 심리내용 요지는 다음과 같다.

> 대종교는 조선고유의 신도중심인 단군문화를 다시 발전한다는 표방하에 조선민 중에게 조선정신을 배양하고 민족자결의 의식을 선전하는 교화단체인 만큼 조선 독립이 그 최종목표요, 따라서 반도와 만주를 탈취하여 배달국 재건의 음모를 가 졌으니 이것이 어찌 종교를 가장한 정치운동이 아닌가?

이에 대해 법정에서 대종교 지도자들은 다음과 같이 항변하였다.

> 대종교의 교원(敎源)은 신항태백(神降太白)이요, 교의(敎義)는 홍익인간(弘益人間)이요, 교리(敎理)는 삼진귀일(三眞歸一)이요, 진흥문운(振興文運)이요, 구경(究竟)은 화성천국(化成天國)이다. 그런데 조선독립은 국민운동에 속할 것이요, 배달국(倍達國) 재건은 천국건설이니 대종교의 이념이다.

일제는 대종교를 국권회복을 위한 종교를 가장한 정치운동으로 사건을 조작하여 1944년 5월 13일 윤세복 무기징역, 김영숙 징역 15년, 윤정현 징역 10년, 이용태 징역 10년, 최관 징역 10년, 이현익 징역 7년, 이재유 징역 5년을 구형하였고, 다음달 6월 26일에는 치안유지법위반 제1조 위반으로 윤세복·김영숙·이현익·이재유 등은 원심대로 확정하고, 윤정현·이용태·최관 등 3명은 징역 10년에서 8년으로 감형하여 판결하였다. 조사과정에서 일제의 고문과 악형으로 10명은 사망하고 나머지 7명은 목단강고등법원에서 실형을 선고받아 목단강(牧丹江) 액하(液河) 감옥에 투옥되었다. 이때 검거된 사람 중 10명은 일제의 혹독한 고문과 악형으로 1943년 5월부터 1944년 1월 사이에 모두 순국하였다. 대종교에서는 이들을 '임오십현(壬午十賢)' 또는 '순교십현(殉敎十賢)'이라고 한다. 임오십현 명단은 다음과 같다.

교직	성명	연령	순교장소
상교尙敎	권상익	44세	중국 밀산 삼릉통
〃	이 정	49세	중국 영안 신안촌
정교正敎	안희제	59세	경남 의령 입산리
〃	나정련	62세	중국 영안 동경성
〃	김서종	51세	중국 하얼빈
〃	강철구	53세	중국 연길 동불사
〃	오근태	63세	중국 영안 와룡둔
〃	나정문	54세	중국 영안 동경성
〃	이창언	68세	중국 영안 구가촌
〃	이재유	68세	중국 길림 돈화

액하감옥(현재 경찰견훈련소로 사용되고 있다)

안희제는 1942년 11월 19일 만주 목단강성 경무청 형사대 3명에게 체포되어 목단강으로 호송되어 경무청에 수감되었다. 안희제는 검거 당시 58세의 중년 나이로 정신과 기운은 맑았으나, 그 해 봄과 여름사이에 건강이 좋지 않아 고향인 경남 의령에서 요양하던 중 자택에서 검거되었다. 체포된 후 바로 만주 영안현 경무과를 거쳐 목단강 경무처에 이감되는 동안 8개월 간의 고문과 악형에 병세가 점점 위독해지자, 위장병과 이질로 식음을 전폐한 지 여러날 만에 병세가 점점 위독하여 병보석 출감한 다음날인 1943년 8월 3일 친척동생 안영제(安永濟)가 경영하는 만주 목단강시의 영제의원(永濟醫院)에서 응급치료를 받았으나 향년 59세로 순국하였다. 유해는 즉시 그의 고향인 경남 의령에 안장되었으며, 대종교에서는 1946년 8월 15일 순교한 10인에게 십현(十賢)의 호를 올리고 이어 교질(敎秩)까지 추승하였다. 안희제는 정교가대형(正敎加大兄)로 추승(追陞)되었으며 대종교 제3세 교주 윤세복은 감옥에 있을 때 안희제가 세상을 떠났다는 비보를 접한 후 만시(輓詩) 한편을 지어 읊으며 영령을 위로하고 명복을 빌었다고 한다.

또한 성재(省齋) 이시영(李始榮)은 『순교십현일록(殉敎十賢日錄)』서문에서 다음과 같이 말하였다.

> 우리 국교를 다시 세우려 하던 그 때 기울어진 나라는 벌써 걷잡을 수 없었다.
> 지성을 품고 지한(至恨)을 안아 마침내 일사(一死)로써 교의 종풍(宗風)을 보이신 한 스승의 뒤를 이어서 내외에 홍포(弘布)됨이 자못 컸었으나, 그럴수록 적의 박해가 더욱 심하더니 저즘께 북만에서는 무리에다 무리를 더하여 옥중에서 신고 (身故)하신 이만 열 분이라. 이 열 분으로 말하면 다 종문의 신사(信使)로서 이역 풍상을 갖추 겪고 한 곬만을 향하여 나아가다가 교를 붙들고 몸을 바쳤으니, 오늘날 그들의 의로운 자취를 기록하여 전함은 한갓 서자(逝者)을 위하여 말 수 없는 일일 뿐이 아니다.

인물을 아낌은 고금이 없으나 오늘에 있어서는 참으로 묘현함은 탄식하지 아니 할 수 없다. 이 열 분이 그 조난(遭難)이 아니었던들 우리의 일에 얼마나 도움이 되었을 것인가.

그러나 사람의 정신이란 죽어 없어지는 것이 아니다. 열 분의 변하지 아니하고 굽히지 않은 그 매움의 끼쳐 줌이 결코 적은 것이 아니다. 뒤에 남아 있는 우리는 그 끼침으로 하여금 아무쪼록 더 빛나게 더 장엄하게 할 책임이 있다.

또 생각하면 산 사람은 누구며 죽은 사람은 누구냐. 뜻이 살아야 산 것이니 몸의 존부(存否)는 오히려 제2에 속하는 바다. 이 열 분은 살았다. 누구든지 이 열 분의 눈에 산 사람이 아닌 것같이 보이지 마라.

개천 4405년 9월 15일
성재(省齋) 이 시 영(李始榮)

제11장

경교장의 통곡소리

1945년 8월 15일 광복이 되고 대한민국임시정부가 환국한 이후 경교장에서 백범 김구가 제일 먼저 만나고 싶어한 사람은 최준이었다. 대한민국임시정부 지원금을 국내에서 안희제를 통해 막대한 자금을 지원한 사람이 바로 최준이었기 때문이었다. 최준을 경교장으로 모셔오는 일은 김형극이 맡았다. 하얀 모시 두루마기를 입은 최준이 경교장에 들어서자 김구는 반갑게 맞이 하였다.

"독립운동 자금을 보내주셔서 정말 고맙습니다"

김구는 독립운동 자금 장부를 지니고 있었다. 그중에서 안희제를 통해 받은 최준이 보내준 독립운동 자금 명기장을 꺼내어 펼쳐보였다. 최준은 자기 나름대로 안희제에게 자의,

타의로 준 대한민국임시정부 지원금 명세서를 가지고 있었다. 최준은 무의식중에 김구가 보여준 장부와 자기 자금명세서 수첩을 대조해 보았다. 최준은 눈시울이 붉어 올랐다. 그리고 마침내 눈물이 시야를 가려 끝까지 볼 수가 없었다.

 최준이 안희제를 의심한 것은 아니었지만 안희제가 대한민국임시정부 지원금으로 수차례 가져간 돈이 그대로 대한민국임시정부에 전달되리라고는 기대하지 않았다. 최준은 안희제가 활동자금과 여비로 상당액수를 사용하였을 것으로 생각하고 최준이 내준 자금 절반이라도 대한민국임시정부에 전달되면 다행으로 평소에 생각하고 있었다. 그런데 김구가 보여준 장부와 자기 수첩과 대조해 보니 최준이 안희제에게 준 자금이 한푼도 차이가 나지 않고 대한민국임시정부에 전달된 사실을 알고나서 울음을 터뜨렸다.

 당시 나이 62세였던 최준은 마침내 통곡하였다. 영문을 모르는 김구는 의아해 하였다. 안희제는 광복 2년전인 1943년 만주 목단강에서 순국하였고 그는 경남 의령에 묻혀있었다. 최준은 경교장 2층 마루로 나가 남쪽으로 난 창문을 열었다. 그리고는 경남 의령쪽을 향해 안희제의 묘소를 향해 목놓아 울며 다음과 같이 말하였다.

"백산 준을 용서해 주게! 내가 준 자금이 대한민국임시정부에 절반이라도 전달되었으면 다행으로 늘 생각한 준을 용서해 주게!"

안희제는 대한민국임시정부를 지원하기 위해 국내에서 독립운동 자금 조달을 위해 헌신하였다. 안희제는 대한민국임시정부에 독립운동 자금을 보내기 위해 백산상회 등에서 같이 활동하던 동지인 경부 최부자 최준에게서 거액의 자금을 수차례에 걸쳐 받아 내었던 것이다.

제12장

백산 안희제의 민족운동사적 위상

 안희제는 전통유림의 집안에서 태어나 한학을 수학하다가 러일전쟁과 을사늑약으로 국운이 기울어 가자 상경하여 보성전문·양정의숙 등에서 신학문을 접하고 국권회복을 위한 계몽운동에 투신하였다. 그는 민중계몽을 위해서는 교육이 급선무라고 판단하고 고향인 경남 의령을 중심으로 의신·창남학교를 설립하여 신교육에 전념하였으며 윤상은 등과 함께 구포에 구명학교를 설립하여 자신이 직접 교장으로 근무하기도 하였다. 그외 교남학우회를 조직하여 임원으로 할동하기도 하였다. 또한 1909년 10월경 비밀결사단체인 대동청년단을 결성하였다.

 1910년 일제의 한국강점으로 국내에서의 활동이 어렵게 되자 안희제는 1911년 러시아로 망명하여 여러 독립운동 지도자들과 국권회복을 위한 대책을 협의하고 독립운동단체도 방문한 후 중국을 거쳐 1914년 9월 귀국하였다. 안희제의 1911년-1914년 동안의 망명기간 동안 국외에서의 독립운동을 지원할 것을 결심하고 귀국후 국내에서 활동을 전개하였다. 안희제가 러시아로 망명한 1911년은 중국에서 신해혁명이 일어나고, 1914년 제1차 세계대전으로 국제정세가 급변하는 상황에서 수 많은 독립운동지도자들은 이를 조국광복의 기회로 삼고자 하였다.

일제의 한국강점 이후 국내에서의 독립운동은 거의 불가능한 상황이었다. 그리하여 대다수의 독립운동 지도자들이 국외로 망명할 수밖에 없는 상황에서 안희제는 국외 독립운동을 지원하기 위해 1914년 9월 귀국하여 국내연락망 구축과 인재양성·독립운동자금 지원을 위한 재정기지 건설을 추진하였다. 일제의 감시와 탄압속에서도 백산상회를 설립하여 독립운동 자금을 지원하였으며 백산무역주식회사로 확대개편하였다. 남형우·최준·윤상은·박상진·서상일 등 영남지역의 청년지사들과 함께 일제의 감시망을 피해 지속적인 활동을 전개하기는 그리 쉽지가 않았다. 일제의 지목을 받게 되자 이를 피하기 위해 안희제는 여러 분야에 걸쳐 광범위한 활동을 전개하게 된다.

　장차 독립운동을 전개할 인재를 양성하기 위하여 장학재단인 기미육영회를 조직하여 해외 유학생을 파견하기도 하였다. 부산예월회와 부산청년회를 통한 문화운동과 청년운동도 지원하였다. 친일단체 상애회 회장 박춘금의 도항증명세 폐지, 부산 주택난구제기성회 등 사회운동에도 참여하였다. 또한『중외일보』를 통해 항일언론투쟁을 전개하기도 하였다. 한편으로는 한국에 침투하는 일본자본에 정면 대결하여 민족기업을 육성하였다. 또한 민족경제권 확보을 위해 소농민과 도시서민의 경제생할 향상을 표방한 협동조합운동에도 매진하였다.

　안희제의 경우는 독립운동 방략이 다양하게 나타나는데 1910년 이전에는 민중계몽과 근대민족교육을 위한 학교설립을 통한 계몽운동에 투신하였으나, 1910년 일제강점 이후에는 경제(백산상회)·언론(중외일보)·사회(전조선수재구제회)·종교(대종교) 등 다방면에 걸쳐 변화시켜 나갔다. 이는 안희제 자신이 다방면에 걸쳐 학식과 능력을 갖추고 있었으며 또 한편으로는 일제의 감시망에 발각되지 않기 위한 전략으로도 보여진다. 여러차례에 걸친 러시아와 중국망명으로 국외 독립운동 지도자들과 연계하여 독립운동 자금을 조달하였다. 1919년

3·1운동 이후 상해 대한민국임시정부가 수립되자 이륭양행과 함께 연통제 조직의 교통사무국으로 백산상회를 거점으로 하여 국내와 연결하여 국내동포들의 민족의식과 자주독립 사상을 고취하기 위한 『독립신문』의 국내 주요 보급통로 역할도 하였다.

1931년 『중외일보』를 통한 항일언론투쟁에도 한계를 느낀 안희제는 중국으로의 망명을 결심하고 해외독립운동기지개척을 실현하기 위하여 발해의 고도인 동경성에 발해농장을 개설하여 주로 영남지역 농민들을 이주시켜 정착시켰다. 만년에는 동경성으로 대종교총본사가 옮겨오자 대종교서적간행회 회장·천진전 건축주비회 총무부장 등 대종교를 통하여 독립운동 세력을 확장하려다가 임오교변으로 좌절되었다.

안희제의 독립운

안희제 흉상(부산 용두산공원)

동 방략은 국내외를 막론하고 다양하게 전개되었으며 오랜 기간 동안 일제에 발각되지 않은 점에서 얼마나 조직적이고 철두철미하였는지를 알 수 있다. 조국광복을 위해 평생을 독립운동가로의 생을 살다간 그의 신념은 남달랐다.

안희제의 민족운동은 국내외를 막론하고 다방면에 걸쳐 줄기차게 전개되었다는 점과 무엇보다도 독립운동 자금조달을 위해 헌신한점은 중요한 의미를 부여함과 동시에 전반적으로 그의 민족운동사적 위상은 재평가 되어야 할 것이다

임종당시상황(臨終當時狀況)

族兄 白山의 滿洲收監時를 回顧하면서

그 當時 日政下에서 思想問題로 온 韓國을 떠들썩하게 하여 널리 國內에 알려진 洪城事件으로 因하여 白山兄任이 滿洲寧安刑務所에 在監하실 時에 나는 相祿君(白山 長男)과 같이 2~3次 面會를 간 記憶이 난다. 그 後 얼마 있다가 兄任은 牧丹江警察署로 移監되었다. 그 當時 그 署에는 不幸 中 多幸으로 韓國人 趙氏 豊島氏(警尉)가 勤務하고 있었다. 그런 關係로 나는 容易하게 署內와 連絡을 取할 수 있었다. 私食差入을 비롯하여 衣服 其他와 兄任의 健康이 不良할 때는 事前에 내게로 連絡해주도록 約束이 되어 있었다.

그 當時는 世界 第2次 大戰時라 食糧不足으로 官食은 더 形便이 없었다. 그래서 우리는 食券을 買入하여 私食差入을 하였는데 食券이 다 떨어질 때마다 그 分(豊島氏)이 連絡을 해주셔서 많은 便利를 받았다. 나는 相祿君이 入滿하여 面會 갈 때에는 數次나 同行하였고, 그 外에도 兄任의 健康不良으로 因해서 2次나 往診간 記憶이 난다. 面會時에 牛乳를 드렸는데 全身이 極度로 衰弱하신 關係인지 嚥下가 잘 되지 않는 狀態였다.

 그러던 중 日字未詳(1943.9.1 양력) 別世 前日(出監日) 午後 4時 頃에 署에서 「白山이 危險하니 出監하라」는 電話가 내게로 걸려왔다. 그 때 多幸이도 相祿君이 入滿하여 우리집에 滯留하고 있었다. 우리는 卽時로 牧丹江署로 달려갔다. 執務室에 들어가 事由를 밝히고 約 10分間 기다렸다. 罪囚같은 한 사람이 혼자 등에 업고 나와서 마루바닥 위에 내려놓는 것을 보니 너무나 全身이 瘦瘠하여 目不忍見이었다. 皮骨은 相接하였고 眼窩 陷沒하였다. 처음에는 意識이 不明하여 우리를 잘 알아보시지 못하였다가 約 2~3分 後에야 비로소 알아보셨다. 우리는 그것을 보니, 울분이 치밀어 氣가 막힐 지경이었다. 數分이 지난 後 돌아가라는 말을 듣고 相祿君은 兄任을 껴안고 室內에 있고 나는 거리로 나와 馬車를 求해와서(그 때는 택시가 없었음) 馬車上에서 누운 位置로 우리 病院(永濟病院)으로 歸院하기 始作했다.

 누워서 오신 關係인지 市街地를 지날때마다 街路名을 알아보셨다. 着院하여 卽是로 2層 病室로 모시고 牛乳를 드렸더니 넘기면 逆上하여 數次를 反復한 後에야 胃까지 연하하였다. 곧 5% 葡萄糖 1,000cc와 强心劑를 注射하여 約 5~6時

間에 끝냈다. 그동안 意識이 조금 回復된 것 같았다. 나는 患者診療 關係로 上下層을 數次나 오르내리고 하다가 11時 頃에야 用務를 마치고 病室로 올라가 12時 頃까지 같이 있었다. 經過가 조금 好轉되는 것을 보고 나는 下層 寢室로 내려와서 잤었다. 새벽 5時에 相祿君이 나의 寢室로 내려와 急히 와달라는 付託을 받고 곧 올라갔으나 殞命하신 後였다.

그 때에 相祿君에게 들은 이야기인데 내가 病室에서 내려온 後에 家內安否, 洞

里親戚들 安否, 심지어 果樹園일까지도 자상히 물으시더라고 相祿君이 말하였다. 우리는 아침 일찍기 故鄕으로 電報로 悲報를 連絡하였더니 2~3日 後에 家族과 親戚 數名이 入滿하였다. 相議한 結果 韓國으로 運柩하기로 決定하고 모든 準備를 한 後 鐵道便으로 運柩하였는데 牧丹江驛 鐵道局에는 우리 病院 단골 患者宅 韓國人敎人 文某氏가 있어서 運柩節次를 無難히 마치고 10餘日 만에 牧丹江驛發 하루빈, 奉天, 安東縣, 서울을 거쳐 故鄕인 宜寧郡 富林面 立山里 自宅에 安着하였다. 別世後 2~3日 頃에 寧安刑務所 看守(靑年) 2名이 別世確認次인지 弔問次인지 알 수 없으나 來院하였다. 그들은 弔問節次를 다 마치고, 談話 中 한 靑年이「安先生 中々ェライ方テスネ」(안선생 꽤 훌륭한 분이군요) 하면서 鄭重한 態

度로 稱讚하는 것을 보았다. 그것은 兄任이 收監中에 계시면서 하시는 行動과 말씀을 通해 무언가 感化를 받았는 것 같았다. 그놈들의 괘심한 事實은 別世 後에 生前에 監房에서 입었던 內服을 보니「이(蝨)」가 너무나 數없이 많아 그것을 잡아 處置할 수가 없어서「뻬지카(난방장치)」에 燒却하여 處置하였다. 놈들의 그와 같은 過度한 無慈悲한 處事에 激憤을 禁치 못하였다.

1988년 11월 30일

安永濟

안희제 연보(1885-1943)

- 1885. 8. 4　　경남 의령군 부림면 입산리 168번지에서 안발과 창녕 성씨 사이에서 맏아들로 출생.
- 1891~1904　　고향에서 한학 수학
- 1903. 7. 15~10. 10
  　　　　　　　장석신 등 유림 30여 명과 함께 동행 지리산 일대 등지를 유람 32수의 한시를 지어 『남유록』에 남김.
- 1905　　　　　사립흥화학교에서 수학 · 보성전문학교 경제과 입학
- 1906　　　　　양정의숙 경제과 전학
- 1907　　　　　교남학우회 조직(임원)
  　　　　　　　구명학교 설립(동래 구포, 현재 부산 구포국민학교 전신)
  　　　　　　　의신학교 설립(의령군 의령면 중동)
- 1908　　　　　창남학교 설립(의령군 부림면 입산리)
  　　　　　　　교남교육회 평의원, 교육시찰위원
  　　　　　　　구포저축주식회사 주주
- 1909　　　　　구명학교 교장 취임(2년간 재임)
- 1909. 10　　　대동청년단 결성(2대 단장)
- 1910　　　　　양정의숙 경제과 졸업
- 1911. 10. 3　　대종교 입교
- 1911　　　　　러시아 블라디보스톡으로 망명
  　　　　　　　〈안창호 · 이갑 · 신채호 등과 조국광복계획 논의〉
  　　　　　　　블라디보스토크에서 『독립순보』 간행(최병찬 등)
- 1912년 초　　　러시아 페테르스부르크 망명
- 1914　　　　　중국을 거쳐 귀국(독립운동 국내연락 책임)
  　　　　　　　부산상업회의소 부회장, 부산상업학교 이사.
- 1916경　　　　백산상회 설립(이유석, 추한식 등)

- 1916. 5　　　　 경남인쇄주식회사 설립
- 1917　　　　　 합자회사 백산상회로 개편

　　　　　　　　합자회사 백산상회 지점 및 연락사무소 설치(국내−서울 · 대구 · 원산 · 인천 등 18개소, 중국−안동 · 봉천 · 길림 등 3개소)
- 1918　　　　　 만주 안동현 접수리 거주 족형(族兄) 안효제 순국

　　　　　　　　도만하여 박광 · 김삼 등과 독립운동 대책 논의
- 1919. 1. 14　　백산무역주식회사 설립인가(백산상회를 확대 개편)
- 1919. 2. 17　　백산무역주식회사 발기인 총회 개최

　　　　　　　　〈발기인−안희제 · 최준 · 윤현태 등, 자본금 100만원〉
- 1919. 3　　　　3·1운동이 일어나자 족질(族姪) 안준상을 고향인 의령에 파견, 독립선언서를 영남일대에 배포
- 1919. 5. 28　　백산무역주식회사 제1회 주주총회 개최〈출석 주주 40인, 임원선거:취체역(取締役)−윤현태 · 최준 · 조동옥 · 안희제 · 정재원 · 이종화 · 윤병호 · 허걸 · 이우석 · 감사역(監査役)−윤상은 · 문영빈 · 김상익〉
- 1919. 6. 9　　 백산무역주식회사 초기 중역진의 구성

　　　　　　　　〈사장−최준, 전무취체역−윤현태, 취체역−안희제 · 조동옥 · 정재원 · 이종화 · 윤병호 · 허걸 · 이우석, 감사역−윤상은 · 문영빈 · 김상원〉
- 1919. 7. 1　　 백산무역주식회사 영업개시
- 1919. 8　　　　조선주조주식회사 설립, 대표 취임
- 1919. 11　　　 기미육영회 조직, 간사에 피선
- 1919. 12　　　 부산예월회 대표
- 1920. 4. 1　　 동아일보 창립 발기인으로 참여

　　　　　　　　동아일보 부산지국장 역임(창간 당시부터 1921. 6까지)

- 1920. 9 백산무역주식회사 임원 개선
  〈사장(社長)-최준, 사무취체역(事務取締役)-최태욱, 취체역(取締役)-김기태 · 이우식, 감사역(監査役)-박해ㅇ · 장진달 · 김종엽〉
- 1920. 12 도만하여 동현에서 신성모, 박광 등 독립운동가들과 독립운동 대책 협의, 귀국길에 신의주에서 체포
- 1921. 8 백산무역주식회사 임원 이동
  〈지배인 최순 상무취체역(常務取締役)으로 승진, 신임지배인-진우여길: 전조선은행 근무〉
- 1921 일본 동경에 본부를 둔 친일단체 상애회 회장 박춘금이 일본도항증명서 판매제도를 시행하자 노동자들과 함께 '박춘금 성토대회' 개최, 윤병호 등 5명과 함께 상경하여 항의진정투쟁을 전개하여 도항증명세 폐지
- 1921 부산 고등보통학교 설립 추진
- 1921. 8 부산주택난구제기성회 실행위원
- 1922 민립대학설립기성준비회 발기인으로 참여
- 1924 유도협성회 이사
- 1925. 6 부산청년회 재무부 간사
- 1925. 7. 31 백산무역주식회사 제6회 정기총회 개최(제6기 재산목록 · 대차대조표 · 영업보고 · 손익계산에 대한 승인 · 손익금처분 · 제3회 주금불입에 관한 보고 · 전중역의 대차대조에 관한 결의, 취체역 및 감사역 임기만료 개선: 취체(取締)-최준 · 최순 · 문상 · 이우진, 감사역(監査役)-문영빈, 주주와 중역의 알력- 합자회사 당시 채금(債金)문제, 사장 최씨형제 문제로 4명의 검사역 장부조사 실시)
- 1925. 9. 12 백산무역주식회사 감사역 문영빈이 취체역 최준 · 최순 · 안희제 · 윤병호 · 최태욱을 상대로 사기횡령죄로 부산지방법원 검사국에 고발.
- 1925. 9. 19 백산무역주식회사 주주대표 중역 고소(주주대표 지창규 · 이우식 · 서상일 등이 최준 · 최순 · 안희제 · 윤병호 · 최태욱 · 문영빈 ·

　　　　　　　윤현태 등 중역들을 부산지방법원 검사국에 고소: 제3회 불입으로 기한이 지난 주주에게 실권처분을 단행하고 재산집행함. 대구에서 실권주주 총회 개최, 윤상태외 1인 1심, 2심에서 패소. 경성고등법원에 상고
- 1925. 10. 2 　경성고등법원 상고심에서 실권주주측 승소
- 1925. 10. 20 백산무역주식회사 임시주주총회 개최(주주 30여명 출석, 정관 10조의 주권의 처분은 주주들간에만 행한다 라는 조항 삭제요구. 의장 이우진 자격문제 제기, 전총회부인, 신임원 불신임안 상정. 신임중역 선출-이우식·최태욱·윤병호·안희제)
- 1926 　　　　부산도립여자고등보통학교 기성회 임원
- 1926. 4~1928. 3
　　　　　　　부산상업회의소 부회장
- 1926. 11. 15 중외일보 경영
- 1926 　　　　해외독립운동기지개척을 위해 동만주 일대 시찰
- 1927 　　　　자력사(自力社) 설립, 협동조합운동 전개
- 1928. 4 　　협동조합경리조합 이사장
- 1929. 9. 1 　중외일보 사장 취임
- 1930. 2. 5 　중외일보 발행인 겸 편집인(1930. 2. 5일자)
- 1930 　　　　전조선수재구제회 조직(수재민 구제에 헌신)
- 1931 　　　　춘양목재주식회사 설립 이사로 활동(경북 봉화)
- 1931. 10. 14 중앙일보 고문
- 1933 　　　　발해농장 경영(만주 영안현 동경성)
- 1934. 3. 15 대종교 영계(靈戒)에 지수(祗受)
- 1935. 1. 15 대종교 참교(參敎)로 선출
- 1936. 6. 23 대종교 지교(知敎)로 승질
- 1941. 1. 15 대종교 상교(尙敎)로 승질, 대종교서적간행회 회장
- 1942. 10 　 대종교 천진전건축주비회 총무부장
- 1942. 11. 19 임오교변. 고향에서 신병치료를 위해 요양중 체포(만주 목단강 경무청에 수감)
- 1943. 8. 3 　병보석 출감 후 족제(族弟) 경영의 영제의원(중국 목단강)에서 순국

참고문헌

1. 논문

조기준, 「지사 안희제와 백산상회」, 『한국기업가사』 박영사, 1973.

김의환, 「백산(白山)안희제(安熙濟)」, 『한국언론인물지(韓國言論人物誌)』, 한국신문연구소, 1981.

박영석, 「대종교의 민족의식과 독립운동」, 『한민족독립운동사연구』, 일조각, 1982.

김준헌, 「백산 안희제의 사적연보」, 『민족문화논총』 제5집, 영남대.

『독립운동사』 제4권, 독립운동사편찬위원회, 1983.

천경화, 「대종교의 민족교육운동에 관한 연구-중국 동북지역(만주)을 중심으로-」, 『백산학보』 27, 1983.

박영석, 「대종교의 임오교변연구」, 『일제하 독립운동사연구』, 일조각, 1984.

신용하, 「신민회의 창건과 그 국권회복운동」, 『한국민족독립운동사연구』, 을유문화사, 1985.

조동걸, 「대한광복회의 결성과 그 선행조직」, 『한국민족주의의 성립과 독립운동사연구』, 지식산업사, 1989.

박종대, 「백산 안희제 선생의 애국사상」, 광복 44주년 기념 독립운동사 학술대회발표문, 1989.

박영석, 「항일독립운동가 열전 백산 안희제」, 『항일독립운동의 발자취』, 탐구당, 1993.

권대웅, 「1910년대 경상도지방의 독립운동단체 연구」, 영남대 박사학위논문, 1993.

정관, 「교남교육회의 활동과 성격」, 『1900년대의 애국계몽운동연구』, 아세아문화사, 1993.

이귀원, 「1920년대 전반기 부산지역 민족해방운동의 전개와 노동자계급의 항쟁」, 『한국근현대지역운동사(Ⅰ 영남편, 역사문제연구소)』, 여강, 1993.

이동언, 「일송 김동삼 연구」, 『한국독립운동사연구』 제7집, 독립기념관 한국독립운동사연구소, 1993.

이동언, 「백산 안희제 연구」, 『한국독립운동사연구』 제8집, 독립기념관 한국독립운동사연구소, 1994.

권대웅, 「한말 교남교육회 연구」, 『중산정덕기박사화갑기념한국사학논총 한국사의 이해』, 경인문화사, 1996.

오미일, 「한말-1920년대 조선인 자본가층의 형성 및 분화와 경제적 지향」, 성균관대학교대학원 박사학위 논문, 1998.

이동언, 「홍암 나철의 생애와 구국운동」, 『대종교 중광의 인물과 사상』(대종교 중광 90주년 기념 학술회의 발표문), 1999.

이현익, 「대종교인과 독립운동연원」, 『대종교보』 통권 제288호, 대종교총본사, 2000.

이동언, 「안희제의 교육구국운동」, 『국학연구』 제5집, 국학연구소, 2000.

오미일, 「일제시기 안희제의 기업활동과 경제운동」, 『국학연구』 제5집, 국학연구소, 2000.

정진석, 「백산 안희제의 중외일보를 통한 항일언론」, 『국학연구』, 국학연구소, 2000.

김동환, 「대종교와 안희제」, 『국학연구』 제5집, 국학연구소, 2000.

이동언, 「단암 이용태의 생애와 독립운동」, 『국학연구』 제8집, 국학연구소, 2003.

이동언외 공저, 『제천(堤川) 애국지사 이용태의 삶과 사상』, 세명대학교지역문화연구소, 2005.

이동언, 「백산 안희제의 국권회복운동」, 『백산사상 심포지엄 발표문』, 의령문화원, 2006.

김동환, 「대종교의 민족운동」, 『종교계의 민족운동』(한국독립운동의역사 38), 독립기념관 한국독립운동사연구소, 2008.

강대민, 「백산 안희제의 대동청년단운동」, 『근대 부산의 민족운동』, 경인문화사, 2008.

서굉일, 「「단군교포명서」와 항일민족운동」, 『단군교포명서에 나타나는 역사인식에 대한 검토』, 단군교포명서 선포 100주년 기념 학술회의 발표문, (사)국학연구소 · (사)국학원, 2009.

佐佐充昭, 「간도 한인 사회와 대종교의 민족독립운동」, 『일제하 간도지역의 한인 사회와 종교』(한국학중앙연구원 문화와 종교연구소 국제학술대회 발표문), 2009.

2. 단행본

『대한매일신보』

『매일신보』

『중외일보』

『중앙일보』

『동아일보』

『조선일보』

안국제, 『백산공가장급유사약록』(안희제의 동생 안국제가 백산 안희제의 행적을 순한문체로 기록한 일대기)

『남유록』(독립기념관 소장)

『구포사립학교기부』(1906년 10월, 부산구포초등학교 소장)

『구포사립구명학교졸업생현상조사부』(부산구포초등학교 소장)

『조선은행 · 회사요람』, 동아경제시보사, 1921.

『부산항경제통계요람』, 부산상업회의소, 1922년 8월호.

『부산상업회의소월보』 제34호, 1928년 1월호.

『부산상업회의소월보』 제46호, 1929년 1월호.

『朝鮮に於けろ출판물개요』, 조선총독부경무국, 1930.

『고등경찰요사』, 경상북도경찰부, 1934.

『독립혈사』, 「백산 안희제선생 약전」, 대한문화정보사, 1956.

김승학, 『한국독립사』, 사단법인 독립동지회, 1965.

김정명, 『조선독립운동』 제1권분책, 원서방, 1967.

박원표, 『항도부산』, 1967.

주요한, 『월간 아세아』 1969년 7 · 8월호.

대종교종경종사편수위원회, 『대종교중광육십년사』, 대종교총본사, 1971.
외솔회, 『나라사랑(백산 안희제 선생 특집호)』 제19집, 1975.
『고려대학교 70년지』, 고려대학교출판부, 1975.
『동아일보사사(東亞日報社史)』, 동아일보사, 1975.
『독립운동사자료집』 제13권, 독립운동사편찬위원회, 1976.
김의환, 「백산 안희제」, 『한국언론인물지』, 한국신문연구소, 1981.
김양우, 「부산의 선각자(항일독립투사 백산 안희제」, 『부산일보』(1981년 8월 24일 – 10월 28일 연재)
『독립운동사』 제3권, 제4권, 제8권, 제10권, 독립운동사편찬위원회, 1983.
김영삼, 『김마리아』, 한국신학연구소 인물편전총서 7, 1983.
박영석, 「대종교의 임오교변연구」, 『일제하 독립운동사연구』, 일조각, 1984.
신용하, 『한국민족독립운동사연구』, 을유문화사, 1985.
최준, 『한국신문사』, 일조각, 1987.
정진석, 『한국언론사연구』, 일조각, 1988.
강영심, 「신한청년당의 결성과 활동」, 『한국독립운동사연구』 제2집, 독립기념관 한국독립운동사연구소, 1988.
국사편찬위원회, 『한민족독립운동사자료집』 제7, 8, 9집(1988-1989).
『교남교육회잡지(영인본)』, 아세아문화사, 1989.
『한국독립운동사자료총서 제4집 도산안창호자료집(1)』, 독립기념관 한국독립운동사연구소, 1990.
『부산시사』 제4권, 부산직할시 시사편찬위원회, 1991.
『부산북구향토지』, 부산직할시북구청, 1991.
이현희, 『조동우, 항일투쟁사』, 청아출판사, 1992.
박영석, 『일제하 독립운동사연구』, 일조각, 1993.
조항래 편저, 『1900년대의 애국계몽운동연구』, 아세아문화사, 1993.
김홍주, 『백산 안희제 선생 항일독립운동 이야기 겨울민들레』, 배달, 1993.
천경화, 『한국인민족교육운동사연구-일제하 만주, 노령, 중국본토, 미주지역을 중심으로-』, 백산출판사, 1994.
『日帝의 韓國侵略과 嶺南地方의 反日運動』(광복회 대구 · 경북연합지회), 1995.
박영석, 『한민족독립운동사연구-만주지역을 중심으로-』, 일조각, 1996.

박달재수련원, 『애국지사 단암이용태선생문고』, 동화서관, 1997.

윤병석, 『국외한인사회와 민족운동』, 일조각, 1997.

윤병석 외, 『중국동북지역 한국독립운동사』(한국독립유공자협회 엮음), 집문당, 1997.

박환, 『만주한인민족운동사연구』, 일조각, 1997.

『발굴 인물독립운동사 백산의 동지들』, 부산일보사, 1998.

佐佐充昭, 「한말 일제시대 단군신앙운동의 전개-대종교, 단군교를 중심으로-」, 서울대학교 박사학위 논문, 2003.

부경역사연구소, 『시민을 위한 부산인물사』(근현대 편), 선인, 2004.

황민호, 『일제하 만주지역 한인사회의 동향과 민족운동』, 신서원, 2005.

권대웅, 『1910년대 국내독립운동』(한국독립운동의역사 15), 독립기념관 한국독립운동사연구소, 2008.

오미일, 『경제운동』(한국독립운동의역사 36), 독립기념관 한국독립운동사연구소, 2008.

최봉룡, 『만주국의 종교정책과 재만 조선인 신종교』, 태학사, 2009.

고병철, 『일제하 재만한인의 종교운동』, 국학자료원, 2009.

이동언, 『내가 몰랐던 독립운동가 12인』, 선인, 2013.

백산안희제선생순국70주기추모위원회 편, 『백산 안희제의 생애와 민족운동』, 도서출판 선인, 2013,

『백산 안희제와 국외독립운동기지 발해농장』, 대한민국임시정부 수립 100주년 및 백산 안희제선생 순국 76주년 추모학술회의 발표문, 2019.

조규태, 『우촌 전진한 평전』, 도서출판 선인, 2021.

이동언, 「독립운동자금 조달의 주역들-사례를 중심으로-」, 『유관순연구』 제28권 제1호(통권 제30호), 백석대학교 유관순연구소, 2023.

『안희제일가의 독립운동과 일제의 탄압』, 백산 안희제선생 순국 80주기 추모학술회의 발표문, 2023

이동언, 「대종교 중광을 통해 항일독립운동에 앞장선 백산 안희제」, 『마음사상』 제15집, 경상국립대학교 청담사상연구소, 2023.

김동환, 『대종교 항일투쟁 인물사전』, 선인, 2024.

오미일, 『한국 협동조합운동의 역사와 시대정신』, 선인, 2025.